Auffälliges Verhalten von Kindern aus systemischer Sicht

Liebe Leserinnen, liebe Leser!

Meine ersten Gehversuche als junger Sozialpädagoge, zunächst in einer heilpädagogischen Tagesstätte und später im integrativen Kindergarten, führten mich nicht selten an meine persönlichen und fachlichen Grenzen. Einerseits war da der Wunsch, Kindern in schwierigen Lebenssituationen zu helfen, andererseits musste ich immer wieder erfahren, wie eingeschränkt meine Möglichkeiten als Pädagoge waren. In dieser Situation stellte ich mir folgende Fragen: Was wäre, wenn ich diese Arbeit nicht machen würde? Was wäre, wenn die Kinder meiner Gruppe diese neue Erfahrung nicht hätten machen können? Die Auseinandersetzung damit brachte mir die wichtige Erkenntnis, dass jeder Einfluss eine Wirkung hat. Das gab mir den Mut, nicht vor den Situationen, die sich im Alltag mit den Kindern stellten, zu kapitulieren, sondern sie immer wieder als Herausforderung zu sehen. Die weitere Konsequenz bestand darin, meine Aufgaben so gut zu erfüllen, wie es mir möglich war und ist, und meine fachlichen Fähigkeiten immer weiter auszubauen. In diesem Prozess bin ich immer noch.
Eine weitere wichtige Erkenntnis meiner beruflichen Tätigkeit – inzwischen als Supervisor für Kita-Teams sowie in der Aus- und Weiterbildung von Erzieherinnen – war, dass der systemische Ansatz, der den Blick bewusst auf den einzelnen Menschen in seinem Kontext und seiner spezifischen Situation richtet, ganz neue Lösungswege eröffnet. Dies gilt auch für Kinder, die auffällige Verhaltensweisen zeigen.
So ist dieses Heft bewusst darauf ausgerichtet, schwierige Situationen von Kindern aufzugreifen, daran systemische Grundsätze zu erläutern sowie individuelle Lösungen aufzuzeigen. Kapitel II vereint die Fallbeispiele zu auffälligem Verhalten von Kindern, die bereits Gegenstand einer elfteiligen Artikelreihe in ‚kindergarten heute' (Ausgabe 6–7 2012 bis 4/2014) waren. Sie zeigen ein breites Spektrum an systemischen Methoden, die am Ende des Kapitels in einer tabellarischen Übersicht zusammengefasst werden. Des Weiteren bietet das Heft eine Einführung in den systemischen Ansatz und seine Umsetzung in die frühpädagogische Praxis sowie wichtige Informationen und Impulse zur Zusammenarbeit mit Eltern betroffener Kinder, zu Vernetzung und Kooperation sowie zur systemisch orientierten Beobachtung.
Das Heft soll pädagogische Fachkräfte in Kindertageseinrichtungen darin unterstützen, einen anderen – eben systemischen – Blick auf auffällige Verhaltensweisen von Kindern zu entwickeln, und Möglichkeiten aufzeigen, mit entsprechend herausfordernden Situationen im pädagogischen Alltag fachlich und persönlich kompetent umzugehen.

Michael Pfreundner

AF637188

Michael Pfreundner ist Diplom-Sozialpädagoge (FH) sowie Paar- und Familientherapeut (DFS). Er lehrt an der Fachakademie für Sozialpädagogik in Rottenbuch/Oberbayern und ist Fortbildner und Supervisor. Er hat langjährige praktische Erfahrung als Leiter u. a. eines integrativen Kindergartens und einer heilpädagogischen Tagesstätte.

I. Der systemische Ansatz in der Frühpädagogik

II. Auffälliges Verhalten verstehen und beantworten

III. Zusammenarbeit mit Eltern

IV. Lebensweltorientierung und Vernetzung

V. Gezielte Beobachtung

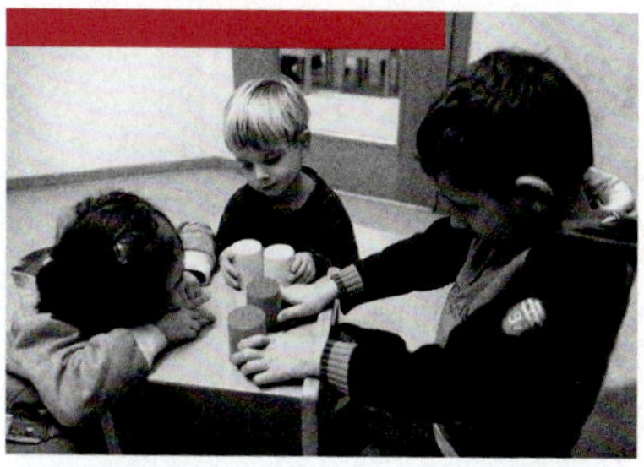

Hinweis: Zur besseren Lesbarkeit verwenden wir überwiegend weibliche Bezeichnungen, zum Beispiel „Erzieherinnen", „Leiterinnen". Selbstverständlich sind immer auch die männlichen Vertreter des Berufsstandes gemeint.

I. Der systemische Ansatz in der Frühpädagogik

Wenn pädagogische Fachkräfte nach Gründen für das auffällige Verhalten eines Kindes suchen, kommen sie mit einfachen kausalen Erklärungen meist nicht weit. Der systemische Ansatz versucht dagegen, die Gesamtheit des Geschehens mit all ihren Wirkbeziehungen zu erfassen und dabei ressourcen- und lösungsorientiert vorzugehen.

Auffälliges Verhalten in der Praxis

Sehr häufig sehen sich pädagogische Fachkräfte in Kindertageseinrichtungen mit Kindern konfrontiert, deren Verhalten eine große Herausforderung darstellt. Entsprechend ermittelte das Robert Koch-Institut in seiner KiGGS-Studie (Studie zur Gesundheit von Kindern und Jugendlichen in Deutschland 2007 und 2012, www.kiggs-studie.de), dass bei einem Fünftel (20,2 %) der Kinder und Jugendlichen im Alter von drei bis 17 Jahren psychische Auffälligkeiten festgestellt wurden. Jungen (23,4 %) sind dabei häufiger betroffen als Mädchen (16,9 %). Bei 12,4 Prozent der Kinder und Jugendlichen mit psychischen Auffälligkeiten sind zusätzlich deutliche bzw. massive Beeinträchtigungen im sozialen und familiären Alltag zu verzeichnen.

Die Arbeit mit Kindern, die auffällige Verhaltensweisen zeigen, stellt also auch für die Frühpädagogik ein umfassendes Aufgabengebiet dar. Nur selten finden sich rasche Lösungen, häufig braucht es eine intensive Auseinandersetzung auf verschiedenen Ebenen. Auf der persönlichen Ebene kann das auffällige Verhalten eines Kindes Gefühle wie Hilflosigkeit, Überforderung oder Ohnmacht bei pädagogischen Fachkräften auslösen. Auf fachlicher Ebene suchen Fachkräfte nach hilfreichen Erklärungen und geeigneten Lösungsstrategien, um der Situation der betroffenen Kinder wirkungsvoll zu begegnen. Auf der Ebene des Teams arbeiten sie an Strukturen, die es ihnen ermöglichen, einen geeigneten Rahmen zu schaffen, innerhalb dessen diese Kinder ihren Platz finden und neue Erfahrungen machen können. Und schließlich wird in der Kooperation mit anderen Institutionen und sozialen Diensten zielgerichtete Vernetzungsarbeit geleistet, um ein möglichst breites und vielfältiges Unterstützungsangebot sicherzustellen. Was kann in diesem Zusammenhang der systemische Ansatz leisten?

Erkenntnisse der Systemtheorie eröffnen Pädagoginnen (ob in der Kita oder der Schule) den Zugang zu den komplexen Zusammenhängen der individuellen Situation eines Kindes im Kontext seiner Beziehungen. Im Rahmen des systemischen Ansatzes wurden Methoden entwickelt, die sich nicht an den Defiziten eines Systems, sondern an dessen Ressourcen orientieren. Pädagoginnen, die sich mit dieser Sichtweise auseinandersetzen, sind Menschen, die in der Lage sind, über sich selbst nachzudenken und ein tieferes Verständnis für die Kinder zu entwickeln, mit denen sie zu tun haben. Sie geben sich nicht mit einfachen kausalen Erklärungen (wenn – dann) zufrieden, denn diese erfassen meist nur einen Aspekt der Wirklichkeit. Dagegen machen sie sich die Mühe, zirkuläre (wechselseitige) Einflussfaktoren aufzuspüren, durch die es gelingt, die Gesamtheit des Geschehens zu erfassen.

Der systemische Ansatz geht dabei nicht von einer von Menschen festgelegten Wirklichkeit aus. Deshalb wird statt mit feststehenden Diagnosen mit Hypothesen (Annahmen, Vermutungen) gearbeitet, die alle beteiligten Personen und Gegebenheiten mit einschließen, sich an Ressourcen orientieren und Veränderungen zulassen. Es handelt sich um einen lösungsorientierten Ansatz, der darauf zielt, Möglichkeiten bei allen Beteiligten bewusst zu machen, die zu einer sinnvollen Veränderung des Verhaltens führen.

Gleichzeitig geht es darum, dem Kind seine Würde zu lassen und es nicht mit einer bestimmten Verhaltensweise zu identifizieren. Jedes Kind hat viele Facetten und Ressourcen, die es für ein glückliches und selbstbestimmtes Leben mit guten Beziehungen zu anderen Menschen nutzen kann.

Grundlagen des systemischen Ansatzes

Der Begriff „systemisch“ geht in seiner heutigen Verwendung auf Gregory Bateson (1904–1980) zurück, der als geistiger Vater dieses Ansatzes gilt. Der systemische Ansatz ist keine in sich abgeschlossene Theorie, sondern umfasst Denkansätze aus verschiedenen Disziplinen, deren Gemeinsamkeit der nichtreduktionistische (ganzheitliche) Umgang mit Komplexität ist: die Kybernetik (Steuerung und Übertragung von Informationen), die Systemtheorie, die Kommunikationstheorie und der Konstruktivismus (individuelle Wahrnehmung von Wirklichkeit).

Der systemische Ansatz ist lösungs- und ressourcenorientiert.

Tendenziell sind wir es gewohnt, von einfachen Erklärungsmustern – sogenannten kausalen Zusammenhängen – auszugehen. Für bestimmte Phänomene trifft dies auch zu. Zum Beispiel: Wenn kein Schnee fällt, kann ich nicht Ski fahren (vgl. Abb. 1, S. 6).

Weitere Zusammenhänge werden bei diesem Erklärungsmodell nicht

Kausale Sichtweise (Abb. 1)

Wenn ⟶ Dann

Beobachtung und Erklärung von Einzelphänomenen

berücksichtigt und sind vielleicht für die aktuelle Situation auch nicht zielführend. Bezüglich der Erklärung menschlichen Verhaltens ist das kausale Denkmodell jedoch wirklichkeitsfremd.
Systemiker beziehen für die Erklärung von Verhaltensweisen die Komplexität von Situationen mit ein. Zum Beispiel: Hans fühlt sich von seinem Spielpartner nicht verstanden und verhält sich aggressiv; dadurch ist die Erzieherin verstimmt; die Mutter von Hans fühlt sich von der Erzieherin nicht verstanden und beklagt sich bei ihrem Mann; Hans' Vater ist hilflos und rügt seinen Sohn; der fühlt sich nicht verstanden und reagiert mit versteckten Aggressionen usw. Man spricht in diesem Zusammenhang auch von einem „zirkulären Systemmodell" (vgl. Abb. 2). Diese Sichtweise kommt der Wirklichkeit sehr viel näher, da menschliches Verhalten nur im Zusammenspiel von jeweils wichtigen Beziehungen verstanden werden kann.
Ein soziales System wie zum Beispiel Familie oder Team entwickelt seine eigene Dynamik. Die Handlungen bzw. Aktionen seiner Mitglieder sind von vielerlei Faktoren bestimmt und daher nur erklärbar, wenn verschiedene Einflussfaktoren gesehen werden. Darüber hinaus wirken andere Systeme (Exosysteme) wie beispielsweise Schulsystem, System der Arbeitssituationen der Eltern usw. auf das Ursprungssystem mit ein.

Systemische Sichtweise (Abb. 2)

Soziales System (z. B. Kitagruppe)

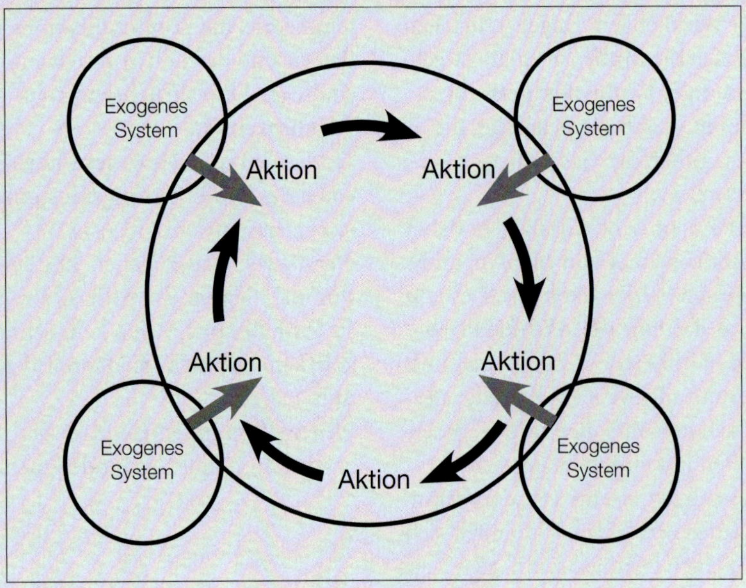

Kinder im Kontext ihrer Lebenswelten

Dass Menschen Gemeinschaftswesen sind, wird von zahlreichen ethnologischen und soziologischen Forschungen belegt. Diese zeigen, dass es evolutionsbiologisch immer mehr auf Gruppenleistung und weniger auf Einzelleistung ankam. Für Familien, soziale Organisationen und andere Gemeinschaften ist dieses Prinzip eine Voraussetzung, um als Gruppe zu überleben. Die Psychoanalytikerin Jirina Prekop versteht das Familiensystem gar als Schicksalsgemeinschaft: „System meint hier eine Schicksalsgemeinschaft von Menschen über mehrere Generationen hinweg, deren Mitglieder unbewusst in das Schicksal anderer Menschen verstrickt werden können. (…) In dieser Schicksalsgemeinschaft sind alle an alle gebunden. Am stärksten wirkt die Schicksalsbindung von den Kindern zu ihren Eltern, zwischen den Geschwistern und zwischen Mann und Frau" (Prekop 1998, S. 11). Deutlich wird, welche herausragende Rolle der Bindung zukommt. Durch empirische Forschungsarbeiten gelang der amerikanischen Entwicklungspsychologin Mary Ainsworth der wissenschaftliche Nachweis, dass eine sichere Bindung des Kindes in den ersten Lebensjahren die Grundlage für eine positive Entwicklung darstellt.
Eine wesentliche Erkenntnis des systemischen Ansatzes besteht darin, dass ein soziales System ständig im Fluss ist und immer nach Ausgleich strebt. Diesen Zustand bezeichnet man als Homöostase

(Fließgleichgewicht). In der Familie sind es oft die Kinder, die unbewusst den Ausgleich suchen, wenn die Harmonie im sozialen System gestört ist (vgl. ebd., S. 12). Durch mehr oder weniger abweichendes Verhalten versuchen sie, das Familiensystem wieder ins Gleichgewicht zu bringen.
Aus systemischer Sicht ist das auffällige Verhalten eines Kindes in Familie oder Kita also eine sensible Reaktion auf ein gestörtes System. Abweichende Verhaltensweisen sind deshalb stets als Hilferuf zu sehen. Aufgabe von pädagogischen Fachkräften ist es, immer wieder den Blick zu schärfen für den Kontext, in dem ein Kind auffällig reagiert, und die wechselseitige Kommunikation, die in Zusammenhang damit steht.

Das Kind als Symptomträger

Verhalten kann nur im Kontext von Beziehungen und der jeweiligen Situation, in der es sich zeigt, interpretiert werden. Auffälliges Verhalten eines Kindes in Bezugssystemen wie Familie, Kita, Schule usw. wird als Ausdruck einer Störung des gesamten Systems gesehen. Das Kind wird in diesem Fall als Symptomträger betrachtet, das heißt als jemand, der stellvertretend für das System auffällige Symptome zeigt. Dies bedeutet, dass sich erst das System verändern muss, damit sich das Kind verändern kann.

Wann ist Verhalten „auffällig“?

Wenn wir von „auffälligem Verhalten“ sprechen, sollten wir uns zunächst damit auseinandersetzen, welche Erwartungen wir an Verhalten im Allgemeinen knüpfen. Wie Menschen sich verhalten und welche Normen sich für eine Gesellschaft daraus entwickeln, ist von vielen Faktoren abhängig. So bestimmen statistische und soziokulturelle Normen, was als normales bzw. abweichendes Verhalten bezeichnet wird. Grundsätzlich wird menschliches Verhalten als die „Gesamtheit menschlicher Aktivitäten verstanden, die im Wechselspiel zwischen Organismus und Umwelt generiert werden und von einfachen Reaktionen auf Reize bis zu willentlichen, komplexen, umweltverändernden Handlungen reichen“ (Myschker 1996, S. 40).
Der Heilpädagoge Alexander Sagi (1929–1993) spricht von glücklichen Kindern, die unbeschwert heranwachsen können, wenn sie – altersentsprechend – über folgende Kompetenzen verfügen:

- Selbstwert: Das Kind empfindet sich als einmalige, selbstständige Persönlichkeit;
- Kommunikation: Es ist in der Lage, sich anderen mitzuteilen;
- Sozialverhalten: Es kann persönliche Zielsetzungen klug und engagiert vertreten, aber, wenn nötig, im Interesse der sozialen Integration zeitweise darauf verzichten;
- Konfliktfähigkeit: Das Kind kann Konflikte mit soziokulturell akzeptierten Mitteln lösen und dadurch sowohl Aggressivität als auch Angst überwinden;
- Wertbindung: Es orientiert sich zunehmend an Werten und handelt danach (vgl. Sagi 1998, S. 20).

Damit nennt Sagi zentrale Basiskompetenzen, die sich unter anderem auch in den meisten Bildungsplänen als Orientierung für die pädagogische Arbeit in Kitas wiederfinden. Weitere bedeutsame Kompetenzen sind die Entwicklung von Resilienz (Widerstandsfähigkeit) sowie Neugier, Lern- und Spielfreude. Sind diese Voraussetzungen gegeben, gibt es in der Regel keinen Anlass, kontraproduktive Verhaltensweisen zu entwickeln. Auffällige Verhaltensweisen wird ein Kind daher erst dann zeigen, wenn diese Entwicklung gestört oder behindert wird.

Menschliches Verhalten kann nur im Zusammenspiel von Beziehungen verstanden werden.

In der Literatur lassen sich zahlreiche Definitionen von Verhaltensstörungen und Verhaltensauffälligkeiten finden. „Spricht man in der Heilpädagogik von Verhalten, so meint man grundsätzlich konfliktlösendes Verhalten. Verhaltensauffällig wird also jemand dadurch, dass er seine Konflikte falsch löst, mit anderen Worten: Sein (konfliktlösendes) Verhalten weicht von einer Norm ab“ (Sagi 1998, S. 14). Wird der Begriff ausgedehnt auf Störung, so ist diese intrapersonell zu sehen und hat häufig organische Ursachen: „Als verhaltensgestört gilt, wer aufgrund organischer, vor allem hirnorganischer Schädigung oder eines negativen Erziehungsmilieus in seinem psychosozialen Verhalten gestört ist und in sozialen Situationen unangemessen reagiert und selbst geringfügige Konflikte nicht bewältigt“ (Mutzek 2000, S. 17).

Wann kann man von „auffälligem Verhalten“ sprechen?

Die systemische Sichtweise

Wenn wir von Verhaltensauffälligkeiten im systemischen Sinne sprechen, gehen wir davon aus, dass nicht primär organische Ursachen (z. B. Autismus, ADHS) Ausgangspunkt für bestimmte Verhaltensweisen sind. Natürlich haben diese immer auch Auswirkungen auf soziale Systeme wie Familie oder Kita und stehen in Wechselwirkung miteinander. Hier geht es dann oft darum, welche Ressourcen das soziale System entwickeln kann, um auch unter dieser Voraussetzung konstruktives Wachstum für alle seine Mitglieder zu ermöglichen.

Um auffälliges Verhalten von Kindern aus systemischer Sicht zu definieren, legen wir folgende Annahmen zugrunde:

- Appell- bzw. Signalcharakter: Bestimmte Verhaltensweisen sind Störungsmeldungen an das familiäre oder außerfamiliäre System, zum Beispiel als Ausdruck subjektiv erlebter bedrohlicher Leistungsforderungen.
- Kommunikation: Unklare und gestörte Kommunikationsstrukturen innerhalb eines Systems werden vom Kind in seinem Verhalten widergespiegelt.
- Systemtheorie: Ein systemisch bedingtes Ungleichgewicht bewirkt Ausgleichsreaktionen beim Kind.
- Zirkularität: Verhaltensweisen bedingen sich gegenseitig, sie sind unterschiedlichen Sichtweisen und Bewertungen unterworfen.
- Ressourcenorientierung: Das Kind ist nicht nur auf seine „störende“ Verhaltensweise zu reduzieren, sondern bringt darüber hinaus auch jede Menge an Ressourcen und Entwicklungsmöglichkeiten mit.

Auffälliges Verhalten deuten

Eine systemisch orientierte Pädagogik ist daher bestrebt, Wechselwirkungen zu erkennen, den Symptomträger zu entlasten und dessen Ressourcen, die zur Problembewältigung beitragen können, aufzuzeigen und zu nutzen. Nicht das Kind kann/soll verändert werden, sondern die Bedingungen, die zu der Störung führen, müssen aufgespürt und verändert werden. Folgendes Beispiel kann dies veranschaulichen:

Ein Fallbeispiel

Quirin, vier Jahre alt, besucht seit einigen Wochen eine integrative Kita in einer Großstadt. Die Familie ist aufgrund der beruflichen Veränderung des Vaters vor Kurzem in die Stadt gezogen. Das Familiensystem besteht aus Vater, Mutter und dem Jungen.

Darauf sollten pädagogische Fachkräfte achten

Je nach individuellem Entwicklungsstand zeigen Kinder durch ihr Verhalten, dass sie Hilfe brauchen:

- Zwanghaftes Verhalten: Das Kind ist nicht mehr in der Lage, kontraproduktives Verhalten von sich aus zu verändern.
- Einseitige oder fehlende Konfliktbewältigung: Konflikte können vom Kind nicht mehr adäquat gelöst werden.
- Häufigkeit und Intensität des Auftretens: Das Verhalten tritt mehrmals täglich auf, die Intensität lässt nicht nach.
- Mangel an Selbststeuerung: Das Kind ist nicht oder kaum in der Lage, auftretende Impulse altersgerecht zu steuern.
- Dauer: Wenn auffälliges Verhalten länger als sechs Monate anhält, geht man davon aus, dass es sich manifestiert hat. Reagieren sollte man daher schon viel früher.

Die Qualität der Bindung zwischen Mutter und Sohn ist für die pädagogischen Fachkräfte schwer einzuschätzen. Die Eingewöhnung gestaltet sich eher kurz und nüchtern, auch die morgendlichen Abschiede vollziehen sich schnell und ohne erkennbare Gefühlsregungen von beiden Seiten. Den Vater kennen die Fachkräfte nur vom ersten Gespräch. Wie er sich damals äußerte, ist er in seiner Firma intensiv beschäftigt und muss viele Überstunden leisten.
Quirin wird morgens mehr oder weniger zur Tür hereingeschoben, die Mutter ist dann sehr schnell weg und nur selten ergibt sich ein kurzer Austausch zwischen ihr und den Erzieherinnen. Quirins undurchdringlicher Gesichtsausdruck irritiert sowohl die Kinder als auch die Fachkräfte. Meist steht er irgendwo im Gruppenraum und übernimmt keinerlei Initiative. Würden die Erzieherinnen ihn nicht immer wieder zu Aktivitäten auffordern, bliebe er vielleicht den ganzen Vormittag so stehen. Die anderen Kinder zeigen nach mehreren Versuchen, ihn zum gemeinsamen Spiel zu bewegen, offensichtlich kein Interesse mehr.
Die Integration in die Gruppe gelingt nicht und Quirin bleibt Außenseiter. Von sich aus tut der Junge nichts, um dies zu ändern. In einer Supervisionssitzung wird der Fall besprochen. Den Fachkräften geht es mit der Situation sehr unterschiedlich. Einige fühlen sich abgewiesen und äußern vielleicht deshalb eine gewisse Antipathie dem Jungen gegenüber. Andere benennen ihre Hilflosigkeit in dieser Situation. Sie hätten schon so viele Versuche unternommen, mit der Mutter in Kontakt zu kommen, aber alle Versuche seien mehr oder weniger im Sand verlaufen. Eine Erzieherin ist aus diesen Gründen richtiggehend ärgerlich auf Mutter und Sohn. Die Supervisorin lässt Raum für diese Empfindungen und zeigt Verständnis dafür. Indem sie die eigenen Gefühle offen aussprechen, bekommen die Fachkräfte wieder mehr Distanz zur Situation und können mögliche eigene Anteile in ihren Reaktionen auf Quirin und seine Mutter erkennen.
Durch eigene Übertragungen entstehen oft Verstrickungen, die den Blick für einen professionellen Umgang mit der Situation verstellen.
In einem zweiten Schritt lässt die Supervisorin die Situation in einer Skulptur darstellen. Eine Erzieherin versetzt sich dabei in die Rolle Quirins und ahmt dessen typische Körperhaltung nach. Sie spürt jetzt plötzlich, wie alle Blicke und Worte der anderen an ihr vorbeiziehen, und fühlt sich von all diesen Bemühungen nicht angesprochen. Erst als eine Kollegin vorsichtig Körperkontakt zu ihr aufnimmt, merkt sie, wie gut das tut; gleichzeitig fühlt sie sich unfähig, eine Reaktion zu zeigen.
Während der Skulpturarbeit formuliert Quirins Stellvertreterin ihre Empfindungen. Daraus entwickelt sich ein intensives Gespräch im Team. Den Fachkräften wird dabei bewusst, wie Quirin die gesamte Situation erleben muss.

Lösungsschritte

Durch diese intensive Auseinandersetzung gelingt es den Fachkräften, eine distanziertere und damit professionellere Haltung einzunehmen und gleichzeitig mehr Empathie für das Kind zu entwickeln. Sie merken, dass Quirin noch mehr Zeit braucht, um sich in die neue Situation einzufinden, und können nachvollziehen, dass er über Ansprache kaum erreichbar ist.
Um das Kind noch besser mit der neuen Situation vertraut zu machen, schlägt die Supervisorin ein bestimmtes Ritual vor, das gemeinsam mit dem Team weiterentwickelt wird. Der morgendliche Übergang vom Mutter-Kind-System in das der Kita wird nun immer durch eine bestimmte Erzieherin begleitet.
Diese stellt sicher, dass die „Übergabe“ von der Mutter an die Erzieherin stets mit einem behutsamen Körperkontakt verbunden ist, zum Beispiel ein kurzes Streicheln des Rückens oder Handhalten, je nachdem, was das Kind zulässt. Mit der Mutter wechselt sie dabei immer

Hier gilt es, genauer hinzuschauen

einige Worte, ohne die Erwartung an bestimmte Reaktionen seitens der Mutter. Anschließend begleitet die Fachkraft Quirin in den Gruppenraum, geht mit ihm von einer Aktivität zur anderen, betrachtet diese gemeinsam mit dem Jungen und begleitet das Geschehen mit wenigen Worten: „Hier bauen Anna und Elsa eine Burg", „Da sind Maximilian und Hamid, die sich ein Bilderbuch ansehen" usw. Quirin scheint den morgendlichen Gang durch den Gruppenraum zu genießen; auch den Körperkontakt mit der Erzieherin wehrt er nicht ab. Nach einigen Tagen findet ein Elterngespräch in kleinstem Rahmen statt: Mutter und Erzieherin. Auch hier geht es einfach darum, miteinander in Kontakt zu kommen, der Mutter die Zeit zu geben, anzukommen und Vertrauen aufzubauen. Ziel des Gespräches ist, dass die Mutter wiederkommt – mehr nicht. Die Gespräche dauern nicht lange, finden aber nun, als sogenannte Eingewöhnungsgespräche, regelmäßig statt.

Eine klare, gemeinsam getragene Vorgehensweise gibt dem Kind wieder Orientierung.

In das tägliche Angebot werden immer wieder Spiele zur Körperwahrnehmung eingebaut, zu denen Quirin regelmäßig eingeladen wird. Das Bällebad bietet hierzu viele Möglichkeiten, aber auch Massageübungen und spannende körperbetonte Spiele sind hilfreich. Ziel ist es, dass der Junge wieder Kontakt zu sich bekommt und seinen Körper spürt. Nach etwa zwei Wochen bemerkt die Erzieherin erste Veränderungen: Quirin sucht von sich aus Körperkontakt, indem er bei der Begrüßung die Hand der Erzieherin nimmt. Auch tobt er gerne mal mit anderen Kindern im Bällebad.

Zentrale Aspekte
In diesem Fallbeispiel wird deutlich, wie eine systemische Denk- und Handlungsweise der pädagogischen Fachkräfte zu einer adäquaten Lösung führen kann. Die folgenden Aspekte sind hierfür wesentlich:

Sichtweise
Eine einfache kausale oder gar wertende Sicht verändert nichts. Diese wäre zum Beispiel, dass Quirin ein apathisches Kind ist und deshalb kein Interesse hat oder zu faul ist, um Initiative zu ergreifen. Eine solche Haltung verschärft eher den Konflikt und treibt das Kind noch stärker in die Isolation. Die Auseinandersetzung der pädagogischen Fachkräfte mit der eigenen Befindlichkeit und ein vertieftes Einfühlen in Bezug auf Quirins Verhalten ermöglichen es, die Komplexität der Situation zu verstehen und eine andere Haltung einzunehmen. Dies ist eine entscheidende Voraussetzung, um neue Lösungsmöglichkeiten zu entwickeln.

Kontext
Die neue Situation in der Kita scheint den Jungen zu überfordern. Er braucht deshalb Sicherheit, um sich auf neue Situationen einlassen und daraus weitere Lernerfahrungen gewinnen zu können. Ebenso wird die familiäre Situation berücksichtigt, in der anscheinend wenig Austausch stattfindet.

Systemtheorie
Die Fachkräfte vermuten, dass sich Quirin in dem sozialen System Kita überfordert fühlt und mit den zahlreichen Anregungen nichts anfangen kann. Er braucht zunächst einen sicheren Übergang, um sich auf die neue Situation einzulassen. Durch die unsichere Bindung an die Mutter weiß er auch nicht, wie er mit dem neuen System Kita umgehen kann.

Kybernetik
Die sozialen Systeme Familie und Kita werden in diesem Fall von jeweils unterschiedlichen Ordnungen gesteuert. Für Quirin ist dies schwer verständlich und er hat keine Möglichkeiten zur Verfügung, sich auf dem unbekannten Terrain der Kita sicher zu bewegen.

Interaktion
Quirin ist nicht in der Lage, auszudrücken, was ihn bewegt, und er reagiert nicht auf die Angebote anderer Kinder der Gruppe. Diese interpretieren sein Verhalten womöglich als mangelndes Interesse und suchen sich andere Spielgefährten.

Symptomträger
Durch sein Verhalten zeigt der Junge eine Reaktion auf die unsichere Orientierung innerhalb der Familie. Auch Konflikte innerhalb des Teams spiegelt ein Kind manchmal in seinem Verhalten wider. Eine klare, gemeinsam getragene Vorgehensweise gibt dem Kind wieder Orientierung.

Konstruktivismus
Die Kleinfamilie mit ihren festgelegten Rollen und Strukturen hat Quirin bisher als einzige Lebenswirklichkeit erlebt. Die Situation in der Kindergruppe nimmt er als verwirrend und womöglich bedrohlich wahr. Eine sinnvolle Zielorientierung ist es daher, mit ihm gemeinsam (ko-konstruktiv) neue Verhaltensmöglichkeiten in der Gruppe zu entdecken.

Systemische Hypothesen entwickeln

Hypothesen

öffnen neue Perspektiven und Überraschungsmomente. Sie sind kreativ und weichen manchmal von traditionellen Denkmustern ab.

1. Gegenwart und Zukunft:

Wie zeigt sich die Verhaltensweise im „Hier und Jetzt“?

Welche Möglichkeiten ergeben sich für das Kind durch eine Veränderung des Verhaltens?

2. Positive Absichten und Ressource:

Was braucht das Kind? Was teilt es uns mit dieser Verhaltensweise mit?

Welche Ressource wird dadurch deutlich?

3. Kontextbezogen:

In welchem Zusammenhang steht das gezeigte Verhalten? In welchen Situationen tritt es auf?

In welcher Situation nicht? Unter welchen Umständen wirkt das Kind ausgeglichen und stabil?

4. Veränderlich:

Welche Umstände ermöglichen Veränderung?

Was braucht das Kind, um Veränderung zuzulassen bzw. zu akzeptieren?

5. Interpersonell:

Welche wesentlichen Bezugspersonen geben dem Kind Halt und Stabilität?

Welche wesentlichen Bezugspersonen verunsichern es?

6. Funktion:

Welchen Sinn gibt/hat die beschriebene („störende“) Verhaltensweise?

Welche Funktion erfüllt sie?

II. Auffälliges Verhalten verstehen und beantworten

Herausforderndes Verhalten von Kindern hat häufig Signalcharakter. Deshalb gilt es für pädagogische Fachkräfte, herauszufinden, welche Botschaften hinter solchen Verhaltensweisen stecken. Die folgenden Fallbeispiele zeigen, wie auffälliges Verhalten aus systemischer Perspektive betrachtet werden kann und wie sich Ressourcen aufspüren und daraus individuelle Lösungsschritte entwickeln lassen.

Lisa verhält sich aggressiv

Lisa kam vor etwa einem Jahr in einen integrativen Kindergarten. Sie war gerade vier Jahre alt. Zu diesem Zeitpunkt gab es keinen Anlass dafür, dem Mädchen einen Förderplatz einzurichten. Die Eingewöhnungsphase verlief jedoch sehr dramatisch, die neue Situation schien das Kind zu überfordern. Erst nach einigen Wochen hatte Lisa den Übergang einigermaßen bewältigt. Jedoch zeigten sich jetzt andere Probleme, wenn sie mit den Kindern ihrer Gruppe zusammen war, die immer wieder ein Eingreifen der Erzieherinnen erforderlich machten. Kaum eine Spielsituation, an der Lisa beteiligt war, verlief längere Zeit konfliktfrei. Beim täglichen Morgenkreis, bei Angeboten oder den Mahlzeiten mussten ihr dieselben Grenzen immer wieder deutlich gemacht werden. Manchmal hatte es den Anschein, dass eine Erzieherin ausschließlich mit Lisa beschäftigt war.
Natürlich wurde eine ganze Bandbreite an erzieherischen Interventionen versucht, um positive Veränderungen zu bewirken: von verständnisvollem Eingehen über integrative Maßnahmen und das bewusste Gestalten gemeinsamer Spielsituationen sowie psychomotorische Einheiten bis hin zu Sanktionen und Time-out. Eine Verhaltensänderung konnte jedoch nicht erreicht werden.

Ratlosigkeit im Team

Die ständigen Provokationen und aggressiven Ausbrüche machten das Team ratlos. Ein Gefühl von Hilflosigkeit breitete sich aus. Eine professionelle „Außensicht" sollte neue Perspektiven eröffnen. Dazu wurde der Fachdienst der Kita eingeladen. Alternativ hätte auch die Fachberatung oder der Fachdienst der örtlichen Frühförderstelle hinzugezogen werden können.
In dieser Situation schien es, als habe sich das Team festgefahren. Kreative Lösungsschritte waren zu diesem Zeitpunkt kaum noch möglich. Lösungen zu entwickeln heißt ja auch, sich von eigenen Vorstellungen zu lösen. Der Prozess begann also zunächst bei jeder einzelnen Fachkraft: Inwiefern trage ich, tragen wir als Erzieherinnen insgesamt zu Lisas Verhalten bei? Wird das Kind bereits stigmatisiert, indem man bei jedem Regelverstoß in der Gruppe automatisch auf Lisa schielt? Ist das Team schon so genervt von dem Kind, dass der Blick dafür, wie es ihm wirklich gehen mag, verstellt ist? Werden nur mehr die Defizite gesehen – und die Stärken des Kindes ausgeblendet?
Auch das Thema Aggression beschäftigte die Fachkräfte sehr: Wie ist es zu bewerten, wenn Lisa morgens in die Gruppe kommt und die Bauwerke der anderen Kinder zerstört? Wenn sie scheinbar grundlos auf andere Kinder einschlägt und einen absoluten Besitzanspruch hinsichtlich aller Spielgegenstände geltend macht? Wenn ihr Verhalten bei gemeinsamen Aktivitäten hin- und herpendelt zwischen sich massiv in den Vordergrund Drängen einerseits und offenes Desinteresse Zeigen andererseits? Das entspricht so gar nicht den Vorstellungen von positivem Sozialverhalten, das geprägt ist von Einfühlungsvermögen, Engagement für andere und Konfliktfähigkeit.
Nachdem sich Lisas Aggression sogar einmal als tätlicher Angriff gegen eine Erzieherin gerichtet hatte, war große Betroffenheit bei den Teammitgliedern zu spüren. Eine solche Situation betrifft das ganze Team! In einer eigens anberaumten Teamsitzung setzten sich die pädagogischen Fachkräfte deshalb intensiv mit dem Thema Aggression auseinander. Dabei wurden beide Seiten aggressiven Verhaltens beleuchtet: Aggression umfasst ein lebenswichtiges Repertoire an menschlichen Überlebensstrategien und dient der Selbsterhaltung oder dem Antrieb. Auf der anderen Seite kann Aggression destruktiv wirken und auf Zerstörung anderer und letztlich auch der eigenen Person ausgerichtet sein. Hier muss differenziert werden. Im weiteren Verlauf tauschte sich das Team über eigene persönliche Einstellungen zum Thema aus. In einer offenen und wertschätzenden Gesprächsatmosphäre reflektierten die Fachkräfte, wie eigene Erfahrungen mit Wut und Aggression die pädagogische Arbeit beeinflussen können.

Gemeinsame Fallarbeit

Indem die Erzieherinnen sich selbst bewusster wahrnehmen und auch den eigenen (sogenannten) Schattenseiten Wertschätzung entgegenbringen konnten, anstatt sich für sie zu schämen, entstand zunehmend mehr Empathie für das „Sorgenkind" Lisa. „Meine Güte, was hat das Mädchen denn so alles bei uns ausgelöst?", fragte sich eine Fachkraft. Was sie mit ihrer Frage ausdrückte, kommt der systemischen Annahme nahe, dass Kinder mit ihren Verhaltens-

Lisa reagiert mit Ausgleichshandlungen auf eine Umwelt, die sie überfordert.

weisen durchaus unterdrückte und versteckte Gefühle anderer Menschen widerspiegeln können. Zusammen mit dem heilpädagogischen Fachdienst, der diesen fachlichen Austausch moderierte, rückte nun Lisas aggressives Verhalten in den Vordergrund. In der gemeinsamen Fallarbeit erinnerte sich eine Erzieherin an eine Situation, die sich erst vor Kurzem ereignet hatte: Eines Morgens, als Lisa von ihrer Mutter gegen neun Uhr in den Gruppenraum gebracht wurde, entstand plötzlich Hektik. Unvermittelt kickte Lisa mit dem Fuß ein Bauwerk um, welches gerade erst von einigen Kindern in der Bauecke errichtet worden war. Die Kinder reagierten empört und aufgeregt. Der Mutter war das Verhalten ihrer Tochter offensichtlich sehr peinlich, die anwesenden Fachkräfte mussten selbst um Fassung ringen und überlegten fieberhaft, wie sie reagieren sollten. Lisa selbst schien dem ganzen Spektakel gegenüber ungerührt, so als wäre sie nicht betroffen. Das heizte die aufgewühlte Stimmung umso mehr an. Die ohnehin vorhandene Stigmatisierung des Mädchens wurde durch solche Ereignisse noch verstärkt. Niemand mochte Lisa mehr als Spielpartnerin haben, obwohl sie deutlich ausdrückte, dass sie sich dies wünschte. Ein Teufelskreis!

Symbolisch zeichnete der Heilpädagoge das Bild der kleinen Lisa, wie sie – an der sicheren Hand der Mutter – den Gruppenraum betritt. Alle Kinder sind bereits da, haben ihre Spielpartner gefunden und beschäftigen sich intensiv. An der Hand der Mutter ist die Welt für Lisa übersichtlich und klar strukturiert, doch in der Kindergruppe kann sie die vielen verschiedenen Situationen nicht einordnen und damit auch nicht ihren Platz in der Gruppe finden. Allmählich entwickelten die Erzieherinnen eine Vorstellung davon, was in dem Mädchen zu diesem Zeitpunkt wohl vorging. Auf die scheinbar ungeordnete, chaotisch wirkende Welt reagierte sie mit impulsiven aggressiven Handlungen. Sie schlug um sich, weil sie keinen anderen Ausweg aus dem inneren Dilemma wusste. Anscheinend war sie kaum in der Lage, die Welt um sich zu ordnen, und fand in dieser Situation daher auch nicht zu befriedigenden Spielsituationen und Freundschaften.

Was steckt hinter den aggressiven Ausbrüchen?

Die Hypothese

Hypothesen sind Annahmen oder Vermutungen. Anders als bei Diagnosen geht es nicht darum, ob man mit einer Hypothese genau richtig liegt, sondern inwieweit diese Veränderung ermöglicht. Oft gibt es mehrere Möglichkeiten, von denen diejenige ausgewählt wird, die am ehesten Veränderung möglich macht. Systemische Hypothesen gehen nicht von Ursache-Wirkungs-Zusammenhängen aus, sondern von Wechselwirkungen (vgl. Kapitel I). Stellt sich heraus, dass eine Hypothese nicht zutrifft, sollte man auch bereit sein, sich von ihr zu lösen und eine neue aufzustellen. So können wir uns der Sichtweise und Erlebniswelt des Kindes nähern. Für das Team ergibt sich in Bezug auf Lisas Aggressionen folgende Hypothese: Die unkontrolliert wirkenden aggressiven Ausbrüche des Kindes stellen einen Versuch dar, mit der für sie chaotischen Welt zurechtzukommen. Im Grunde versucht Lisa, mit ihren unangemessenen Verhaltensweisen Ordnung in das innere Chaos zu bringen, was ihr dadurch natürlich nicht gelingt, sondern dieses nur vergrößert. Also benötigt sie einen Orientierungsrahmen von außen, den sie verinnerlichen und mit dem sie sich im Alltag zurechtfinden kann.

Schritte zur Lösung

In den folgenden Tagen fand ein Gespräch mit den Eltern statt. Beide wussten ja bereits um die auftretenden Aggressionen ihrer Tochter, die sie im Kindergarten immer wieder miterlebten. Auf Nachfragen der Erzieherin reagierten sie zunächst zögerlich. Zu Hause kämen diese starken Ausbrüche wohl immer mal wieder vor, hätten sich aber im letzten Jahr ziemlich gelegt. Lisa ist das einzige Kind in der Familie und die Eltern versicherten, dass sich die meiste Zeit einer von ihnen mit dem Mädchen beschäftige. Manchmal fühlten sie sich im Kindergarten dann wie vor den Kopf gestoßen. Vor allem, wenn noch andere Eltern dabei seien, sei ihnen das Verhalten ihrer Tochter sehr peinlich. „Wir tun doch alles, dem Kind fehlt es doch an nichts!" Die Verzweiflung und Hilflosigkeit der Eltern wird durch diese Aussage sehr deutlich. Die Erzieherin erklärte: „Mit ihrem Verhalten zeigt uns Lisa, dass sie etwas nicht schafft. Wenn Sie dem Kind nicht so viel Unterstützung geben könnten, würden wohl noch viele andere Situationen Lisa aus der Fassung bringen." Sie erläuterte den Eltern im Gespräch die oben dargestellte Sichtweise und machte den Vorschlag, die tägliche Übergabe zukünftig bewusst kurz zu halten. Anschließend sollte das Mädchen von einer pädagogischen Fachkraft Schritt für Schritt in die Gruppe geführt werden. Dazu war es aber notwendig, dass die Mutter Lisa nicht mehr erst um kurz vor neun Uhr in die Einrichtung brachte. Von der sicheren Hand der Mutter in das (aus Lisas Sicht) undefinierbare Chaos im Gruppenraum zu kommen, war ein zu krasser Bruch für das Wahrnehmungssystem des Mädchens. Erleichtert stimmten die Eltern diesem Versuch zu und erklärten sich bereit, Lisa zukünftig bereits um acht Uhr in die Kita zu bringen. Dies erschien als günstiger Zeitpunkt, da der Gruppenraum am frühen Morgen noch relativ leer und so eine bessere Übersicht für das Kind möglich ist. In den folgenden Wochen konnte das, was die Erzieherin mit den Eltern besprochen hatte, umgesetzt werden. Für Lisa ergab sich dadurch ein verlässliches morgendliches Ritual, welches ihr den Übergang erleichterte und ihr Sicherheit gab: Die Mutter übergab das Kind einer Fachkraft und verabschiedete sich dann ziemlich rasch und unspektakulär. In den ersten Tagen stand ihr die Erzieherin dabei ermutigend zur Seite. Anschließend unterstützte diese Lisa beim Umziehen. Hand in Hand gingen sie dann in den Gruppenraum. Sie öffneten die Tür und blieben im Türrahmen nebeneinander stehen. Immer noch befand sich das Mädchen dabei an der sicheren Hand der Erzieherin. Diese sagte: „Schau dich um, Lisa. Sieh mal, wer schon alles da ist und was die Kinder machen." Nach einer kurzen Zeit des Verharrens und Betrachtens forderte die Erzieherin Lisa auf, sich einen Spielbereich auszusuchen. Sobald Lisa eine Entscheidung getroffen hatte, wurde sie von der Erzieherin dorthin geführt. Eine Weile spielte die Fachkraft noch mit und unterstützte Lisa in der Kontaktaufnahme, bevor sie sich nach und nach aus dem aktiven Spielgeschehen zurückzog und in eine beobachtende Position begab. Der Übergang war gelungen und zumindest ein guter Anfang für diesen Kindergartentag gemacht.

Lösungen zu entwickeln heißt auch, sich von eigenen Vorstellungen zu lösen.

Im weiteren Verlauf brauchte es immer wieder strukturierende Maßnahmen und Hilfestellungen für Lisa, um ihr allmählich einen Rahmen aufzuzeigen. Mit dieser Hilfestellung schaffte sie es nun immer öfter, Spielsituationen ohne Konflikte zu erleben. Für andere Kinder wurde sie als Spielpartnerin zunehmend attraktiver. Nach einigen Monaten zog das Team Bilanz und stellte erleichtert fest, dass Lisa sich allmählich in den Tagesablauf eingefunden hatte. Das morgendliche Ritual war jetzt nicht mehr nötig, denn Lisa hatte nun selbst die Kontrolle übernommen. Was bleibt, ist ein mitunter ungestümes und nicht immer einschätzbares Verhalten des Mädchens. Darauf können die Fachkräfte nun viel gelassener reagieren, denn diese Ausgelassenheit hat auch etwas Schönes und Lebendiges an sich. Jetzt werden Ressourcen und originelle Lösungen bei Lisa deutlich, die zuvor wohl niemand vermutet hätte.

Lisa ist nicht ihr Verhalten

Wenn wir systemisch denken und handeln, kommen wir der erlebten Wirklichkeit von Kindern oft näher und können ihre Verhaltensweisen besser erklären und angemessener darauf eingehen. Wir erleben man-

che Kinder dann nicht als „gestört", sondern als verstört – als sensible Systeme, die auf ihre Umgebung reagieren (vgl. Kapitel I). Es wird klar, dass Lisa mit ihrem störenden Verhalten spiegelt, dass sie noch Unterstützung von kompetenten Erwachsenen braucht, um mit Veränderungen umzugehen.
Deutlich zeigt sich in diesem Beispiel die Wechselwirkung von Systemen, auch Rückkopplung genannt: Die isolierte Handlung von Lisa steht im Zusammenhang mit weit größeren Abläufen, eins wirkt ins andere. Indem wir uns reflektieren und unser System hinterfragen, sind wir oft in der Lage, neue Lösungen zu finden und der belastenden Situation wirksam zu begegnen.

Fazit

Lisa hat mit Ausgleichshandlungen auf eine Umwelt reagiert, die sie überforderte. Indem es gelang, die Umgebung und die täglichen Abläufe für Lisa überschaubarer und geordneter zu strukturieren, kommt sie heute mit dem System besser zurecht und kann nun auch ihre Fähigkeiten und individuellen Stärken besser einbringen.
Übermäßige Aggressionen äußern sich auf unterschiedliche Art und Weise. Auch die Ursachen sind vielfältig. Daher lassen sich auch keine allgemeingültigen „Rezepte" zum Umgang mit dem Phänomen geben. Exemplarisch wurde in diesem Fallbeispiel eine mögliche methodische Vorgehensweise aufgezeigt, die dabei helfen soll, ähnlichen Situationen nicht hilflos gegenüberzustehen, sondern den eigenen Blickwinkel zu erweitern und individuelle Lösungswege zu entwickeln.

Man kann zwischen entwicklungsbedingten Ängsten und Angststörungen unterscheiden.

Peter und Irina haben Angst

Ängste lassen sich nicht vermeiden, denn Kinder werden in ihrer Entwicklung ganz natürlich davon begleitet. Ängste sind jedoch nicht immer auf den ersten Blick erkennbar. Häufig drücken sie sich in Form von zunächst unerklärlichen Verhaltensweisen aus. Grundsätzlich lässt sich zwischen entwicklungsbedingten Ängsten und Angststörungen unterscheiden. Entwicklungsbedingte Ängste treten bei den meisten Kindern in bestimmten Entwicklungsphasen auf und weisen uns auf einen neuen, entscheidenden Entwicklungsschritt hin.
„In den ersten fünf Lebensjahren durchlebt ein Kind die fünf entwicklungsbedingten Angstformen, die es ein Leben lang begleiten" (Rogge 1997, S. 29). Dies sind:

- Körperkontaktverlustangst
- Achtmonatsangst oder Fremdeln
- Trennungsangst
- Vernichtungsangst
- Todesangst

Diese Angstformen tragen die Aufforderung zur Überwindung der Angst in sich. Mit diesem Bewältigungsprozess öffnen sich die Türen für neue Erfahrungen. Bei positiver Bewältigung wird dadurch gleichzeitig die Resilienz gestärkt. Dabei kann man nicht davon ausgehen, dass diese Ängste mit einem bestimmten Lebensabschnitt für immer überwunden sind. Im Laufe des Lebens können sie immer wieder auftauchen. Mit zunehmender Lebenserfahrung entwickeln Kinder jedoch Strategien, die sie bei der Überwindung von Ängsten stärken.
Angststörungen dagegen lassen sich als manifestierte Schutzfunktionen beschreiben, die auftreten, auch wenn die gefährdende Situation nicht mehr besteht. In vielen Situationen lassen bestimmte Angstreaktionen darauf schließen, dass es sich um eine posttraumatische Belastungsstörung (PTB) handelt. Das Trauma selbst ist zunächst lediglich die angstauslösende Situation. Kann dieses nicht bewältigt werden, führt es zur PTB. Eine PTB stellt eine manifestierte Angstreaktion dar, die – meist gekoppelt an bestimmte Situationen – unbewusst und automatisiert (nicht mehr steuerbar) abläuft.
Im Folgenden werden die beiden unterschiedlichen Formen von Ängsten anhand von zwei Fallbeispielen dargestellt.

Peter – entwicklungsbedingte Angst

Voller Stolz und Freude berichten die Eltern von Peter, dass sie vor Kurzem ihr eigenes Haus bezogen haben. Zusammen mit seiner jüngeren Schwester und den Eltern wohnt der fünfjährige Peter nun dort. Die Kita besucht er schon seit letztem Jahr, im kommenden Herbst wird er eingeschult. Die neue Lebenssituation ist auch bei einem Entwicklungsgespräch zwischen Peters Mutter und seiner Erzieherin Thema. Die Mutter berichtet, dass die Familie auch das Obergeschoss des Hauses ausgebaut habe; in absehbarer Zeit sollen dort die Kinderzimmer untergebracht werden. Anfangs war Peter noch begeistert dabei, beim Ausbau zu helfen. Doch seit kurzer Zeit weigert er sich, in das Dachgeschoss zu gehen. Allein lässt er sich gar nicht dazu überreden und auch mit den Eltern versucht er es kaum. Eines Abends, in der vertrauten Situation des Zubettgehens, gibt Peter sein Geheimnis preis: Sicherlich gibt es auf dem Dachboden Gespenster. Vor denen gruselt ihm und vielleicht tun ihm die ja etwas an! Die Eltern haben schon viel versucht und sind inzwischen ratlos. Im weiteren Gespräch wird deutlich, dass sich in Peters Verhalten in den letzten Wochen einige Veränderungen zeigten. Die Erzieherin merkt an, dass er bei Geschichten oder Bilderbuchbetrachtungen sehr intensiv dabei ist. Es scheint, als würde er geradezu in die Geschichten abtauchen. Auch der Mutter fällt ein, dass Peter während fantasievoller Fernsehsendungen wie absorbiert wirkt und danach aus dieser Welt wieder herausgeholt werden muss.

Ängste sind nicht immer auf den ersten Blick erkennbar

Vernichtungsangst
Die Erzieherin erklärt der Mutter, dass sich Peter offensichtlich in der sogenannten magischen Phase befindet. Alle Dinge sind beseelt und fantastische Wesen bevölkern seine Welt. Gleichzeitig aber kommt auch seine Vernichtungsangst zum Ausdruck. Mit zunehmenden Kenntnissen über den eigenen Körper gewinnt das Kind an Bewusstsein über die eigene Identität, erweitert seine motorischen Fähigkeiten und seine Wahrnehmung. Gleichzeitig wird ihm aber auch bewusst, dass sein Körper verletzbar ist und die Möglichkeit der Vernichtung besteht. Unerwartete Reaktionen und Ängste zeigen diese Entwicklungsphase an. So hat das Kind vielleicht plötzlich Angst, alleine im Dunkeln zu schlafen, es möchte nicht mehr ins Bett gehen. Angst vor Fantasiefiguren oder -geschichten entsteht auf einmal, gleichzeitig geht von ihnen aber auch eine gewisse Faszination aus. Wenn sich Kinder vor Dämonen, Monstern oder anderen Gestalten ängstigen, ist das für uns Erwachsene zunächst einmal unverständlich und widerspricht unserer Vorstellung von einer gesunden kindlichen Entwicklung. Wir denken dann schnell an den Einfluss von Medien, übersehen dabei aber, dass Kinder zu allen Zeiten von Geschichten, in denen gruselige Wesen vorkamen, zugleich erschreckt und fasziniert waren.

Ressourcen und Lösungsstrategien
In Peters Ängsten spiegeln sich auch Kompetenzen wider, die er bei erfolgreicher Angstbewältigung zu individueller Stärke entwickeln kann. Er zeigt viel Fantasie, schmückt Erzählungen mit abenteuerlichen Details aus und erfindet immer wieder Fantasiefiguren, mit denen er vor allem jüngere Kinder beeindruckt. Grundsätzlich ist dies eine stärkende Ressource, die zu Kreativität und Problemlösefähigkeit führen kann. Ebenso deutlich wird dabei seine hohe Empathiefähigkeit. Kinder, die sich lebhaft in Fantasien einfinden, können sich leichter in unbekannte Situationen hineinversetzen. Gepaart mit dem nötigen Selbstvertrauen kann sich dadurch Sicherheit bei neuen, unbekannten Herausforderungen entwickeln.
Diese Kompetenzen möchten die Eltern nutzen. Mithilfe der pädagogischen Fachkraft kommen sie auf die Idee, ihrem Sohn ein „gutes Gespenst“ zu geben. Dabei knüpfen sie an seine kreativen Fähigkeiten an. Aus einem Chiffontuch und anderen Gegenständen basteln sie mit Peter ein sogenanntes Gegengespenst. Begeistert macht der Junge mit. Von nun an hängt dieses Gespenst im Treppenaufgang zum

Dachgeschoss und beschützt ihn vor den vermeintlichen Geistern. Nachdem Peter sich zusammen mit den Eltern in den oberen Räumen davon überzeugt hat, dass es wirklich hilft, freut er sich wieder auf die gemeinsame Arbeit im Dachgeschoss.

Erläuterung

Die Reaktion des Jungen ließ sich in diesem Fall als entwicklungsbedingte Angst erkennen. Wichtig dabei war, dass Peter diese Angst gegenüber einer einfühlsamen und verständnisvollen Vertrauensperson ausdrücken konnte. Durch das gemeinsam entwickelte und durchgeführte Ritual konnte die Angst kanalisiert werden. Peter fand zu einer Lösung der Angstsituation, die auch zu einer Lösung von dieser Angst führte und ihm damit die grundlegende Erfahrung ermöglichte, dass er es schafft, seine Angst zu bewältigen. Grundsätzlich können Ängste vom Kind leichter bewältigt werden, wenn Erwachsene diese ernst nehmen und nicht bagatellisieren, sondern gemeinsam mit dem Kind Lösungen finden.

Kinder können Ängste leichter bewältigen, wenn Erwachsene diese ernst nehmen und gemeinsam mit ihnen Lösungen finden.

Anders stellt sich dies bei Angststörungen dar. Das folgende Beispiel zeigt, dass bei sogenannten posttraumatischen Belastungsstörungen das Kind diese Angst selbst nicht unbedingt als solche erkennen oder gar benennen kann.

Irina – posttraumatische Belastungsstörung

Die Erzieherinnen in der Kinderkrippe sind bestürzt über das autistisch anmutende Spiel der bald dreijährigen Irina. Immer wieder legt sich das Mädchen auf den Boden und versteift ihren Körper. Sie ringt nach Atem, gibt vor zu sterben und dann langsam wieder ins Leben zurückzukehren. Dabei ruft sie „Hilfe!" oder „Rettet mich!". Als dieses Verhalten zum ersten Mal auftrat, war die Angst der begleitenden Erzieherin, Irina könnte ernsthaft erkrankt sein, sehr groß. Erst allmählich stellte sie fest, dass dies das „Spiel" des Mädchens war. Ihre eigene Angst in dieser Situation konnte die Pädagogin nicht verbergen. Nachdem sich herausstellte, dass es sich um ein Spiel handelte, zeigte sie dies dem Kind gegenüber auch. Mit ihrem Ausruf „Oh, wie hab' ich mich jetzt erschreckt! Du hast das so echt gespielt, da hab' ich richtig Angst um dich bekommen!" spiegelt sie ihre Gefühle dem Mädchen gegenüber. Irina scheint die emotionale Reaktion ihrer Erzieherin kaum zu registrieren. Das gleiche Spiel wiederholt sich in den nächsten Wochen immer wieder. Auch die Kontaktaufnahme Irinas zu anderen Kindern gestaltet sich nur zögernd. Sie spielt eher parallel zu ihnen. Ein Verhalten, das als typisch für zweijährige Kinder angesehen wird. Andere Dreijährige in der Gruppe suchen dagegen bereits aktiv und absichtsvoll das Spiel mit anderen Kindern.

Gespräch mit den Eltern

Auch in dieser Situation ist die intensive Zusammenarbeit der pädagogischen Fachkräfte mit den Eltern die beste Voraussetzung für die weitere positive Entwicklung des Kindes. Im gemeinsamen Gespräch der beiden Erzieherinnen mit Irinas Eltern berichten diese, dass ihre Tochter durch einen Kaiserschnitt zur Welt kam. Um ihr Leben zu retten, musste sie innerhalb von 24 Stunden operiert werden. Sie wurde mit Anomalien geboren, die eine unverzügliche Korrektur mehrerer Darmabschnitte notwendig machten. Über die große Erleichterung, dass das Leben des Mädchens durch die Operationen gerettet wurde, übersah man jedoch die möglichen Auswirkungen auf die Psyche der kleinen Patientin.
Im Rahmen seiner Forschungen stellte Dr. David Levi bereits 1946 fest, dass Kinder, die für medizinische Eingriffe ins Krankenhaus eingeliefert wurden, emotionale Symptome entwickelten, die denen von Soldaten ähnelten, die nach dem Zweiten Weltkrieg traumatisiert zurückkehrten (vgl. Levine & Kline 2010, S. 40). Der Traumaforscher Peter Levine beobachtete und begleitete Kinder in solchen und ähnlichen Situationen: „Jedes Kind führte sein Leben auf eine Weise fort, als würde das Geschehen noch immer stattfinden. Sie waren stecken geblieben oder zeitlich fixiert, so als würden ihr Körper und ihr Verstand auf einen Wecker reagieren, der zum Zeitpunkt der Traumatisierung gestellt wurde. Obwohl möglicherweise keine bewusste Erinnerung mit dem Ereignis verbunden war, verrät das Verhalten der Kinder eine ständige Wiederholung des unangenehmen Geschehens" (ebd., S. 40).
Wie auch bei Irina beobachtet, scheint es einen generellen Zusammenhang von PTB und Entwick-

lungsverzögerung zu geben. In ihrer Dissertation weist Anette Gomolla darauf hin: Es „kann davon ausgegangen werden, dass Traumata, insbesondere interpersonelle Traumata, sich auf die Entwicklung der betroffenen Kinder auswirken und dass es Wechselwirkungen zwischen Psychopathologie und Entwicklung gibt“ (Gomolla 2009, S. 39).

Schritte zur Lösung

In ihrer Arbeit mit dem Kind konnte die Erzieherin feststellen, dass es in diesen Situationen beruhigend wirkt, wenn sie Irina ruhig und sicher in ihrem Spiel begleitet. Dabei verstärkt sie nicht die Reaktion, sondern versucht durch spielerische Intervention zu bewirken, dass sich Irina aus der zeitweiligen Erstarrung löst. Behutsam nahm sie Körperkontakt auf und merkte, dass das Mädchen dies zuließ. Vielleicht ist es der Erzieherin nicht möglich, die traumatische Erfahrung aufzulösen, doch kann sie Irina durch ihre Präsenz und behutsame Begleitung Sicherheit und Stabilität in dieser Situation vermitteln. Auch wenn es den Anschein hat, dass Irina dabei wenig Notiz von ihr nimmt, lässt sich die Erzieherin nicht irritieren und nimmt sich die nötige Zeit dafür. Gleichzeitig achtet sie darauf, dass Druck und „Erfolgswille“ in dieser Situation nicht aufkommen. Das Kind bestimmt, was es zulässt und was nicht. Parallel zur aufmerksamen pädagogischen Begleitung im Alltag suchen die Eltern eine Frühförderstelle auf. Idealerweise bieten die Therapeuten dort dem Kind regelmäßige therapeutische Maßnahmen und den Eltern kompetente Beratung an.
Ebenso erweist sich die Zusammenarbeit mit der Krippe als wirkungsvoll für die weitere Behandlung. In Irinas Fall hat man sich für eine Spieltherapie entschieden. Das Konzept der Spieltherapie macht sich das natürliche Betätigungsfeld des Kindes – das Spiel – zunutze und arbeitet mit den fast unbegrenzten Möglichkeiten, die sich dabei bieten. Ein guter Weg zur Seele und den traumatischen Erlebnissen Irinas und damit zu ihrer Genesung.

Fazit

Durch die Darstellung der beiden Fallbeispiele wird der Unterschied zwischen den verschiedenen Angstreaktionen bei Kindern deutlich. Deren Hintergründe zu erkennen und angemessen darauf einzugehen, gehört zur Fachlichkeit der pädagogischen Fachkräfte. Auch Zweifel sind angebracht und stellen die Kompetenz der Erzieherinnen nicht infrage, sondern ermuntern dazu, weitere kompetente Meinungen und geeignete Unterstützung einzuholen. Die enge Zusammenarbeit mit den Eltern gibt den Kindern in Angstsituationen immer einen Zugewinn an Sicherheit.

Martin spricht nicht

Der fünfjährige Martin scheint keine Freude an den täglichen Begegnungen, den vielseitigen Spiel- und Gestaltungsmöglichkeiten und abwechslungsreichen Angeboten in der Kita zu haben. Nur selten nimmt er verbal Kontakt zu anderen Kindern auf. Die meiste Zeit verhält er sich abwartend und wirkt, als ob er andere Kinder aufmerksam beobachtet. Er scheint Kontakten zu Kindern nicht abgeneigt zu sein; Spielangebote nimmt er mit freundlicher Gestik an, jedoch ohne sich sprachlich zu äußern. Das gleiche Verhalten zeigt er auch gegenüber den pädagogischen Fachkräften.
Im Kita-Alltag fällt Martin zunächst gar nicht so sehr auf. Wie so oft sind es eher die motorisch aktiveren Kinder, die verstärkt die Aufmerksamkeit der Fachkräfte in Anspruch nehmen. In ruhigeren Situationen, zum Beispiel im täglichen Morgenkreis, wird Martin immer wieder von den Erzieherinnen angesprochen. Doch je häufiger und eindringlicher er zum Sprechen aufgefordert wird, desto mehr scheint er sich hinter tiefem Schweigen zu verschanzen.

Reaktionen auf das Verhalten

Die Reaktionen auf Martins Schweigen sind sehr unterschiedlich. Manche Kinder nehmen seine Sprachlosigkeit hin, fordern ihn aber auch nicht mehr als Spielpartner auf. Andere Kinder scheinen gerade seine Sprachlosigkeit zu schätzen und verwickeln ihn immer wieder in Spiele. Dabei wirkt er durchaus präsent und beteiligt sich, wenn auch ohne Sprache und nur nach deutlicher Aufforderung. Bei näherer Beobachtung wird jedoch klar, dass sich Martin von anderen Kindern auch leicht steuern oder sogar manipulieren lässt.
Zunehmend beunruhigt das die zuständigen Fachkräfte. Immer wieder berichten sie von ihren Erfahrungen mit Martin. Auch im Team fallen die Reaktionen und Vorschläge ganz unterschiedlich aus:

- „Na ja, wenn er halt nicht will.“ (Resignation)
- „Er muss doch mal seinen Mund aufbringen!“ (Unverständnis)
- „Das kriegen wir schon hin!“ (Hauruck-Methode)

Hinter diesen Reaktionen stecken häufig Gefühle von Hilflosigkeit. Andererseits werden auch Mitgefühl und das Bedürfnis, das Kind zu verstehen, geäußert. Vor allem bei einer jungen Praktikantin ist diese Empathie sehr ausgeprägt und Martin scheint zu ihr so etwas wie Vertrauen entwickelt zu haben. Häufig sitzt oder steht er einfach neben ihr. Auch wenn er dabei kein Wort spricht, scheint er die Nähe zu genießen.

Der familiäre Kontext

Aus systemischer Sicht hat der Kontext, in dem Verhaltensweisen in Erscheinung treten, immer eine besondere Bedeutung. Deshalb befasst sich Martins Erzieherin näher mit dessen Lebensumfeld. Die Eltern werden eingeladen. Im Verlauf des Gesprächs schildert die Erzieherin ihre Wahrnehmung und möchte in Erfahrung bringen, wie die Eltern Martin zu Hause erleben. Informationen kommen überwiegend von der Mutter. Der Vater sagt nur, dass er nicht möchte, dass sein Sohn als behindert „abgestempelt" wird. Seiner Mutter gegenüber verhält sich Martin sehr sprechfreudig. Er klammert sich eher an sie und verfolgt sie, wenn möglich, ständig mit Blicken. Den täglichen Wechsel in die Kita scheint er stumm zu ertragen, allerdings zeigt er, auch wenn er von der Mutter abgeholt wird, kaum Gefühle. Dem Vater gegenüber hält er sich zurück. Da dieser jedoch sehr viel arbeitet, erlebt er ihn oft nur am Wochenende richtig. Ihre häusliche Situation schildern die Eltern folgendermaßen: Gemeinsam mit den Eltern des Vaters bewohnen sie ein Zweifamilienhaus. Im Erdgeschoss leben die Großeltern, im ersten Stock die junge Familie, bestehend aus Vater, Mutter, Martin und seiner jüngeren Schwester.

Mehr lässt sich in diesem ersten Gespräch nicht herausfinden. Es wird vereinbart, in Kontakt zu bleiben.

Das Nicht-Sprechen macht Kinder schnell zu Außenseitern

Die angespannte Gesprächsatmosphäre und das unbestimmte Ergebnis lassen die Erzieherin ratlos zurück. Das ändert sich schlagartig, als Martins Mutter eines Morgens in einem spontanen Gespräch plötzlich eine sehr emotionale Reaktion zeigt. Den Tränen nahe schildert sie der Erzieherin die angespannte Situation mit ihrem Schwiegervater im gleichen Haus. Dieser verhalte sich wie ein Tyrann gegenüber der Familie, besonders aufbrausend und abwertend aber ihr gegenüber. Die Kinder dürften sich kaum bewegen, der Großvater beschwere sich bei jeder Gelegenheit sehr heftig. An diesem Morgen war es besonders schlimm, die Situation eskalierte.

Im weiteren Verlauf des Gesprächs schildert Martins Mutter, dass sie in diesem Konflikt kaum Unterstützung von ihrem Mann zu erwarten habe. Er wiegle ab, ziehe sich zurück und reagiere sehr gereizt. Es sind Lebensumstände deutlich geworden, die eine neue Perspektive auf Martins Verhalten eröffnen.

Hypothesen ermöglichen Veränderung

Um ein tieferes Verständnis für die komplexe Situation zu bekommen und der weiteren pädagogischen Arbeit eine Richtung zu geben, stellt das Team verschiedene Hypothesen auf:

- Martin scheint sich stark mit seiner Mutter zu identifizieren. Er drückt ihre Not durch sein Schweigen aus.
- Martin fühlt sich in der Kita nicht wohl.
- Martin ist in der Lage, Beziehungen über Blickkontakt aufzubauen.

- Die Sprachentwicklung des Kindes ist altersgemäß, ausreichendes Sprachverständnis ist vorhanden.
- Martin spürt eine besondere Nähe zur Praktikantin.
- Je mehr er sich unter Druck fühlt, desto weniger gesprächsbereit ist er.
- Die Kita stellt für ihn noch eine belastende Situation dar.
- In der traditionellen Verwurzelung der Dorfgemeinschaft, in der die Familie lebt, schämt sich der Vater für die Auffälligkeit des Sohnes.
- Der Vater befindet sich in einem intensiven Loyalitätskonflikt zwischen seiner eigenen Familie und der Herkunftsfamilie.
- Martins Vater ist selbst traumatisiert und derzeit nicht in der Lage, seine Familie in dieser Situation zu unterstützen.
- Die Mutter hat Angst und zieht sich immer mehr zurück.
- Die Mutter ist zu schwach, um sich dem Schwiegervater entgegenzustellen.
- Die Mutter fordert nicht die Unterstützung ihres Mannes ein.
- Beide Eltern sorgen sich um Martin.
- Beide Eltern befürchten insgeheim, versagt zu haben, und kompensieren dieses Gefühl auf unterschiedliche Weise.

All diese Hypothesen zu überprüfen, würde den Rahmen sprengen. Ihr Sinn besteht vielmehr darin, Zusammenhänge aufzuzeigen und einen geeigneten Arbeitsansatz zu entwickeln. Erweist sich eine Hypothese als nicht richtig, kann sie jederzeit wieder verworfen und eine neue aufgestellt werden. Wichtig ist, dass sich Hypothesen als nützlich für sinnvolle Lösungen und damit für positive Veränderungen erweisen. Grundsätzlich gilt: Eher wird eine Hypothese aufgegeben als das Kind!

Konsequenzen für die weitere Arbeit

Es ist nicht Aufgabe der pädagogischen Fachkräfte, die Hypothesen zu überprüfen und auf alle Aspekte näher einzugehen. Das Ziel könnte vielmehr sein, für die Familie ein wirksames Hilfesystem in Gang zu setzen. Für das Kind soll die Kita ein Ort des Vertrauens und Lernens sein, an dem es mit seinen individuellen Möglichkeiten wichtige Erfahrungen machen kann.

In Bezug auf die pädagogische Arbeit nimmt sich das Team vor, Martin nicht mit Druck zu begegnen. Stattdessen soll er immer wieder auf natürliche Weise in Spielsituationen eingebunden werden, ohne dass er dabei sprechen muss. Vor allem die Praktikantin, die sich Martin selbst als Bezugsperson ausgesucht hat, soll ihm immer wieder entsprechende Angebote machen. Weiter wird vereinbart, dass alle Erzieherinnen mit Martin auf die gleiche Weise sprechen wie mit den anderen Kindern. Ausbleibende Antworten werden akzeptiert und nicht kommentiert. Kommuniziert der Junge mit Gestik, wird diese von den Erzieherinnen verbalisiert. Nickt er zum Beispiel auf eine Aufforderung hin, sagt die Erzieherin: „Gut, du machst also mit.“

Durch das tiefere Verständnis für Martins Familiensystem verändert sich der Blickwinkel der Fachkräfte auf seine Sprachlosigkeit. Ursprüngliche Haltungen und Reaktionen können nun im Team unbefangen besprochen und reflektiert werden. Auch die unbewusste Scheu von Martins Erzieherin gegenüber dem abweisenden Verhalten seines Vaters wird geringer. Mit der Veränderung der inneren Haltung ist bereits viel erreicht. Für Martin gestaltet sich der Tag in der Kita dadurch wesentlich entspannter und Druck wird von ihm genommen. Gleichzeitig erfährt er die Aufmerksamkeit und Fürsorge, die er in dieser Situation benötigt.

Vernetzung entlastet

Gleichzeitig stellt diese Situation auch ein Dilemma für die zuständige Erzieherin dar. Um Martin wirkungsvoll zu helfen, wäre der Familie vielleicht eine Veränderung der persönlichen Lebenssituation anzuraten. Dies geht jedoch weit über den Beratungsauftrag der Kita hinaus. Ebenso wenig ist es möglich, mit den Eltern in eine intensivere Beratungsphase zu gehen. Allerdings kann die Erzieherin den Eltern einen möglichen Zusammenhang von Martins Sprachlosigkeit in der Kita und der angespannten Situation im Elternhaus deutlich machen und die Kontaktaufnahme zu einer Familienberatungsstelle empfehlen. Eine gute Vernetzung der Einrichtung mit Beratungsangeboten erleichtert den Kontakt und damit die Möglichkeit zu professioneller Hilfe.

Setzen wir die „Ressourcenbrille“ auf, so erscheint Martin in einem anderen Licht.

In der Kita besteht einmal im Monat die Möglichkeit zur Beratung durch die örtliche Familienberatungsstelle. Ziel dabei ist es, die Schwellenangst vor professioneller Beratung bei den Eltern abzubauen. Ergibt sich ein länger andauernder Beratungsbedarf, soll dieser in der Familienberatungsstelle fortgeführt werden. Auf Anraten der Erzieherin nutzt die Mutter diese Möglichkeit. Martins Vater kann sich dazu erst entschließen, als seine Frau deutlich macht, dass sie die Gespräche auch ohne ihn fortsetzen wird.

Die Situation annehmen
Dem Kind gegenüber können die Erzieherinnen nun anders auftreten. Martins Schweigen wird nicht mehr als eigenes Versagen interpretiert. Die damit unbewusst einhergehende Erwartungshaltung an das Kind, in der Kita zu sprechen, löst sich zunehmend. Martins Lösung, mit dem familiären Konflikt zurechtzukommen, wird von den Fachkräften respektiert. Dem Kind wird deutlich gemacht: Hier darfst du so sein, wie du bist. Wir mögen und respektieren dich, ob du sprichst oder nicht. Im Kontext des Geschehens ist das Kind lediglich der Symptomträger. Mit seiner Sprachlosigkeit signalisiert Martin vielleicht, dass die Familie Hilfe braucht, und drückt seine eigene Überforderung aus. Vor diesem Hintergrund muss er zunächst entlastet werden, um den wahren Kern der Problematik in den Vordergrund zu rücken. Hilfreich dafür ist, dass die Mutter und später auch der Vater eine Beratungsmöglichkeit nutzen und dem Kind so signalisieren, dass sie sich nun um die problematische Situation kümmern.

Ressourcen erkennen
Im nächsten Schritt werden Martins Ressourcen – seine Kompetenzen – betrachtet:

- Martin kommt täglich in die Kita und nimmt mit seinen Möglichkeiten am Geschehen teil.
- Trotz seiner Sprachlosigkeit wirkt er präsent und interessiert am Geschehen.
- Er hat einen wachen Blick und beobachtet genau.
- Er kann sich auch nonverbal mitteilen.
- Er sucht aktiv die Nähe der Praktikantin und ist in der Lage, Beziehungen einzugehen.
- Martin kann sprechen und ist nach Aussagen der Mutter sprachlich altersgemäß entwickelt.

Setzen wir die „Ressourcenbrille“ auf, so erscheint Martin in einem anderen Licht. Ihm wird deutlich gespiegelt, wo er sich entwickelt und welche Fähigkeiten er erreicht hat.

Veränderungen bahnen sich an
Kommunikation spielt sich auf vielen Ebenen ab. Wichtig ist jetzt, dass Martin kommuniziert. Wie er das macht, entscheidet er selbst. Die Erzieherinnen sind in der Lage, seine Form der Verständigung zu verstehen und zu akzeptieren. Dadurch scheint sich der Junge zunehmend zu entspannen. Zu beobachten ist, dass er seit Neuestem aktiv auf andere Kinder zugeht, indem er ihnen beispielsweise Spielzeug oder bei gemeinsamen Mahlzeiten Essen reicht. Auch interaktive Spielsituationen ergeben sich. Zum Beispiel beteiligt er sich beim Spiel mit Puppen, indem er diese ankleidet oder füttert. Er nimmt nun selbstständig und ohne Aufforderung eine Funktion im gemeinsamen Rollenspiel ein. Zugleich entwickelt sich ein Ritual zwischen Martin und der Praktikantin. Jeden Morgen begrüßen sie sich auf die gleiche Weise: kurzes Innehalten der Praktikantin, wenn Martin erscheint, ein tiefer Blick in die Augen, ein Lächeln und schließlich das oberbayerische „Griaß' di“, ausgesprochen von der Praktikantin im vertrauten Dialekt des Kindes. Nach einigen Wochen berichtet die Praktikantin von einer durchgreifenden Veränderung. Als Reaktion auf das morgendliche Ritual antwortet Martin mit einem leise geflüsterten „Griaß' di“. Eine Bestätigung, dass mit dem eingeschlagenen Weg die geeignete Vorgehensweise gefunden wurde.

Magdalena ist überreizt
Magdalena kennt man in der Kindergartengruppe als lebhaftes und fröhliches Mädchen. Die Fünfjährige ist anderen Kindern gegenüber aufgeschlossen und wendet sich begeistert jeder neuen Erfahrungs- und Spielmöglichkeit zu. Den pädagogischen Fachkräften fällt immer wieder auf, dass Magdalena nur selten eine Tätigkeit zu Ende bringt, sich sehr schnell auf eine neue Situation einlässt, diese aber abbricht, wenn ein neuer Reiz in ihre Wahrnehmung rückt. Sie scheint mit all ihren Sinnen überall zu sein. Dabei wirkt sie durchaus präsent und ist durch ihre Offenheit bei den anderen Kindern beliebt. Gleichwohl kommt es im Laufe des Tages, meist um die Mittagszeit, immer wieder zu Konflikten mit anderen Kindern – zerstörte Spiellandschaften und Tränen sind die Folge. Häufig muss dann die Erzieherin eingreifen, mit den Kindern Konfliktlösungen aushandeln oder trösten. Magdalena

kuschelt sich in dieser Situation gerne an die Erzieherin, versteckt ihren Kopf unter deren Arm und scheint diese Rückzugsmöglichkeit als seelischen Ausgleich zu benötigen. Auch bei gezielten Angeboten, dem täglichen Morgenkreis oder gemeinsamen Aktionen beteiligt sie sich zunächst sehr intensiv. Fast aufgeregt möchte sie jeden Gedanken sofort mitteilen und muss von den Fachkräften gestoppt werden, wenn sie die gemeinsam aufgestellten Gesprächsregeln verletzt. Im Eifer des Gefechts kann sie dann schon mal in Streit mit den Erzieherinnen geraten. Nach einer gewissen Zeit klinkt sie sich jedoch aus dem Geschehen aus, beteiligt sich nicht mehr und wirkt völlig abwesend. Möchten die Fachkräfte sie wieder einbinden, erleben sie oft unzusammenhängende und teilweise unklare Beiträge des Kindes. Im Gegensatz zu Magdalenas anfänglichem Engagement wirkt diese Reaktion verwirrend und unverständlich. Dieses Verhaltensmuster lässt sich auch bei feinmotorischen Aktivitäten, zum Beispiel beim Basteln mit gezielter Anleitung, beobachten.

Auf zu viele Reize reagiert das Kind mit hyperaktivem Verhalten

Reaktionen auf das Verhalten

Obwohl Magdalena auch bei den pädagogischen Fachkräften viele Sympathien auslöst, erleben diese sie häufig als anstrengend. Sie fordert viel Beachtung und zieht dabei die gesamte Aufmerksamkeit der Erzieherinnen auf sich. Oft fühlen sich diese ausgelaugt und erschöpft, ohne genau zu wissen, warum und wie es plötzlich zu diesem Zustand kommt. Die anderen Kinder der Gruppe nehmen Magdalenas tolle Ideen und Spielangebote gerne auf, fühlen sich aber oft gestört, wenn unerwartete Impulse des Mädchens das Spiel unterbrechen. Immer wieder braucht es dann die ordnende Hand der Erzieherin, um die Situation neu zu gestalten.

Austausch mit den Eltern

In den regelmäßig stattfindenden Entwicklungsgesprächen wird diese Problematik immer wieder angesprochen. Die Eltern, selbst im pädagogischen Bereich tätig, sind begeistert von den geschilderten Entwicklungsschritten. Den Beobachtungen der Erzieherin bezüglich der regelmäßig auftretenden offensichtlichen Überreizung des Kindes können sie nicht so recht folgen. Sie bagatellisieren die Sorge der Erzieherin und erklären das Verhalten ihrer Tochter damit, dass dieses wohl ein Zeichen von Interesse und Aufgeschlossenheit sei. Die pädagogische Fachkraft muss erst deutlich machen, dass die geschilderten Beobachtungen keine Kritik an der Kompetenz der Eltern darstellen. Im Gegenteil – gerade deren Kompetenz als Eltern ist ein wesentlicher Faktor für die Erzieherin, um die Situation von Magdalena besser zu verstehen. Dieser Hinweis scheint als „Türöffner“ zu wirken und hat zur Folge, dass die Eltern nun die Beobachtungen der Erzieherin anders wahrnehmen.

Mögliche Hintergründe

Es stellt sich die Frage, ob es sich in Magdalenas Fall um eine Form von Verhaltensauffälligkeit handelt. Wenn wir die Situation kritisch hinterfragen, erkennen wir, dass wohl die meisten Menschen – pädagogisch geschulte eingeschlossen – immer mal wieder überreizt sind und dann anders reagieren, als wenn sie sich ausgeglichen und kraftvoll fühlen. So mag es auch Magdalena gehen. Entscheidend ist, ob das Kind in der Lage ist, aus eigener Kraft aus der Situation herauszufinden, und welche Lösungsmöglichkeiten es für sich entwickelt.

Im Kontext des Geschehens ist das Kind lediglich der Symptomträger.

Kinder verfügen einerseits noch nicht über ein vielseitiges Verhaltensrepertoire, entwickeln andererseits aber leichter unkonventionelle Lösungen. Eine solche Lösung könnte zum Beispiel Magdalenas Bedürfnis darstellen, sich an die Erzieherin zu kuscheln und den Kopf unter deren Arm zu verstecken. So erreichen sie nur eingeschränkt Reize von außen und es gelingt ihr leichter abzuschalten. Nach aktuellem Standard – der „International Statistical Classification of Diseases and Related Health Problems (ICD-10)" – müssen Auffälligkeiten im Verhalten von Kindern länger als sechs Monate andauern, bevor man von einer manifestierten Verhaltensauffälligkeit spricht. In diesem Fall geht man davon aus, dass das Kind bestimmte soziale Situationen aus eigener Kraft nicht zufriedenstellend bewältigen kann und die dazu benötigten Kompetenzen nicht altersgerecht entwickelt sind.

Es ist anzunehmen, dass das Kind mit einer bestimmten Lebenssituation überfordert ist.

Der Heilpädagoge Alexander Sagi meint sinngemäß, wenn das Kind bestimmte Kompetenzen nicht altersgerecht bezeugt, ist es nicht glücklich, das heißt, es kann sich seines Lebens nicht unbeschwert erfreuen (vgl. Sagi 2001, S. 20 f.). Diese Kompetenzen sind:

- Selbstwertgefühl
- Kommunikationsfähigkeit
- Sozialverhalten
- Intelligenz
- Wertbindung

„Ist eines dieser Merkmale nicht altersgemäß ausgeprägt, obwohl keine Behinderung vorliegt, muss abweichendes Verhalten vermutet werden" (ebd., S. 21). In der näheren Diagnostik ist in diesem Fall natürlich auch eine Form von Hyperaktivität im Kindesalter nicht auszuschließen. In diesem Zusammenhang spricht man auch von einer Reizfilterschwäche; das heißt, das kindliche Gehirn ist nicht in der Lage, aktuell bedeutsame von weniger bedeutsamen Reizen zu unterscheiden, dadurch kommt es zu einer Reizüberflutung. Manche Kinder reagieren darauf mit hyperaktiven Verhaltensweisen, andere ziehen sich eher zurück – sie zeigen hypoaktive Tendenzen. Eine solche Diagnose kann aber nur von speziell geschulten Kinderärzten durchgeführt werden. Diese unterliegt von der Weltgesundheitsorganisation festgelegten Diagnosekriterien (ICD–10-GM F90.0) und erfordert differenzierte Beobachtungsverfahren, die die pädagogische Fachkraft ggf. unterstützend begleiten kann. Grundsätzlich sollte man eine solche Diagnose gerade bei Kindern unter sechs Jahren sehr sorgsam stellen, da diese weitreichende Folgen mit sich bringt.

Systemische Sichtweise

Aus systemischer Sicht wird der Kontext des Kindes in den Vordergrund der Überlegungen gestellt. Das Kita-Team entwickelt zunächst die Hypothese, dass Magdalena mit einer bestimmten Lebenssituation überfordert ist und Entlastung und Orientierung benötigt, um diese zu bewältigen. Diese kann sich zu Hause, in der Kita oder an beiden Orten abspielen. Um mehr darüber zu erfahren, müssen die Lebensumstände des Mädchens näher beleuchtet werden. Wichtige Hinweise können dabei die Eltern geben. Daraus lassen sich dann neue Annahmen formulieren, die – als korrigierte Hypothese – einen Arbeitsansatz kreieren.

Das Team entschließt sich, zunächst die näheren Umstände, in denen das überreizte Verhalten des Kindes in der Kindergruppe auftritt, zu beobachten – und zwar unter folgenden Fragestellungen:

- Wann wirkt Magdalena überreizt (Wochentag, Uhrzeit, Phase im Tagesablauf)?
- Wie lange beschäftigt sie sich intensiv mit einer Sache?
- Welche räumlichen Begleitumstände sind gegeben? Spielen diese eine Rolle?
- Welche Kinder (Mädchen, Jungen, Anzahl, gleichaltrige, jüngere, ältere Kinder) sind beteiligt? Spielen diese eine Rolle?
- Mit welchen Erzieherinnen nimmt Magdalena Kontakt auf?
- Wer beobachtet das Mädchen? Spielt dies eine Rolle?

Aus diesen Fragen, die an der Belastbarkeitsgrenze des Mädchens orientiert sind, lassen sich umgekehrt Fragen formulieren, die ihre Kompetenzen in den Vordergrund stellen:

- Bei welchen Themen und Spielsituationen engagiert sich Magdalena besonders?
- Mit welchen Kindern lässt sie sich auf intensive Kontakte ein?
- An welchen Tagen, zu welcher Tageszeit ist Magdalena besonders wach und bei der Sache?
- Welche Bezugspersonen sind in der Gruppe für sie besonders wichtig?
- Welche Verhaltensweisen hat sie für sich gefunden, um Überlastungen zu bewältigen?
- Welche Möglichkeiten hat sie gefunden, um kritische Situationen gut zu überstehen?

Mithilfe dieser Fragen werden gezielt Beobachtungssituationen herausgefiltert mit dem Ziel, weitere Informationen über Magdalenas Möglichkeiten und Grenzen zu erhalten. Als Beobachtungsverfahren eignet sich in diesem Fall zum Beispiel die „Leuvener Engagiertheitsskala".

Erziehungspartnerschaft stärken
Die Auswertung der Beobachtungsergebnisse erfolgt im Team. Grundsätzlich lässt sich erkennen, dass Magdalena dazu neigt, sich außerordentlich stark zu engagieren; besonders im Umgang mit älteren Kindern ist das sehr ausgeprägt. Dieses Engagement kann sie jedoch nur eine bestimmte Zeit durchhalten. Es scheint, dass sie sich damit immer wieder überfordert und dann Rückzug benötigt. Im Gespräch mit den Eltern werden gemeinsam neue Fragen formuliert:

- Welchen Anspruch hat Magdalena an sich?
- Wodurch wird dieser verursacht?
- Ist sie stark in der Erwachsenenrolle?
- Konkurriert sie mit älteren Kindern?
- Erlaubt sie sich selbst, Kind zu sein?

Mit dieser Vorgehensweise können die Eltern gut mitgehen. Nach dem Gespräch wirken sie sehr nachdenklich. Magdalena ist das einzige Kind in der Familie, daher ergeben sich Überlegungen, wie hoch die Erwartungen an sie sind. Gerade wenn die Eltern Pädagogen sind, besteht die Gefahr, dass sie sich besonders unter Druck setzen, alles richtig zu machen, und mit diesem Anspruch auch das Kind überfordern. Aus Liebe zu ihren Eltern geraten Kinder schnell in einen Loyalitätskonflikt und übernehmen Rollen, die sie überfordern. In ihrem Buch „Natürliche Pädagogik" beschreibt die Grundschullehrerin und Erzieherin Ingrid Schlögel diesen Konflikt: „Jeder Mensch hat ein grundsätzliches Bedürfnis, sein zu dürfen, wie er ist. Wir haben ein Recht auf unsere persönlichen Ecken und Kanten, auf unsere Eigenarten, Vorlieben, Schwächen und Schatten. (…) Vielleicht mussten wir bestimmte Erwartungen der Eltern erfüllen, wir wurden für unerwünschtes Verhalten bestraft, ausgeschlossen oder lächerlich gemacht. So beginnen wir, uns von uns selbst zu entfernen, und lernen zu sein, wie uns zum Beispiel die Eltern haben wollen. In der Logik der Kinder entsteht der Eindruck, etwas an ihnen müsse irgendwie falsch sein (…). Hier beginnt der Selbstzweifel" (Schlögel 2010, S. 84 f.).
Für die Erzieherin bedeutet das, die Eltern in dieser Phase aufmerksam und wertschätzend zu begleiten und gemeinsam mit ihnen Lösungswege zu entwickeln, durch die Magdalena wieder mehr Kind sein kann. In der Gruppe ermöglicht sie Magdalena, ihren Platz als fünfjähriges Kind einzunehmen und auch Schwächen zu zeigen.

Pädagogische Interventionen
Es folgt eine Phase, in der Magdalena in ihren täglichen Spielsituationen stärker begleitet wird. Ziel ist, dass sie besser erkennt, was sie braucht, und sich dies auch zugesteht. Dabei entdeckt Magdalena für sich weitere Verhaltensmöglichkeiten, die sie dann auch umsetzen kann. Letztlich wird sie dadurch in ihrer Selbstwahrnehmung und, als Folge, in ihrem Sozialverhalten gestärkt. Um dem Ziel näherzukommen, wird Magdalena rechtzeitig darauf aufmerksam gemacht, wenn sie unruhig wird. Die pädagogischen Fachkräfte fragen sie dann, was jetzt schön wäre, oder bieten ihr Alternativen an: zum Beispiel eine Zeit lang auf dem Schoß sitzen, in einem Teil des Raumes für sich alleine spielen, zusammen mit der Erzieherin ein Bild malen. Sie wird ermuntert, diese Gelegenheiten zu nutzen. Gleichzeitig begleitet die Erzieherin die Situation sprachlich: „Ich habe gemerkt, dass du unruhig wirst, und ich denke, das ist ein Zeichen, dass du etwas mehr Ruhe brauchst. Was meinst du dazu? Wie geht es dir?" Ein anderer Aspekt ist, die Fixierung auf ältere Kinder zu lockern und den Kontakt zu gleichaltrigen oder jüngeren Kindern zu fördern. Dazu werden altersspezifische Angebote oder spontane Spielimpulse genutzt. Speziell in der Projektarbeit wird Magdalena dabei unterstützt, sich Gruppen von Gleichaltrigen anzuschließen, in denen sie sich auf ihrem Entwicklungsniveau unbeschwert einbringen kann.

Durch fürsorgliche Zuwendung und begleitende Gespräche lernt Magdalena ihre Bedürfnisse besser kennen.

Fazit
Wenn Magdalena spürt, dass sie im Kindergarten sein darf, wie sie ist, und dort ihre wirklichen Bedürfnisse erkannt werden, kommt sie mehr zur Ruhe. Durch die begleitenden Gespräche lernt sie ihre Bedürfnisse und Reaktionen besser kennen und gewinnt neue Möglichkeiten, schwierige und konflikthafte Situa-

tionen konstruktiv zu bewältigen. Magdalena hat diese Begleitung sichtbar gut getan. Eine Zeit lang holt sie sich verstärkt die fürsorgliche Zuwendung, die sie in Momenten der Überforderung braucht. Die Fachkräfte geben ihr Gelegenheit dazu und werten dies nicht ab. Im Laufe der nächsten Wochen lässt sich beobachten, wie Magdalena ruhiger wird und sich intensiver auf Spielsituationen einlässt. Nicht in jeder Situation gelingt es ihr, die eigenen Bedürfnisse rechtzeitig wahrzunehmen. Dann löst sie dadurch wieder Konflikte aus. Durch die klare und wertschätzende Haltung der Erzieherinnen und deren bewusste Vorgehensweise ist jede dieser Situationen aber auch eine Lernsituation, durch die sich Magdalena weiterentwickeln kann.

Anton spielt immer allein

Vor gut vier Monaten kam Anton in die Einrichtung. Ganz anders als seine ältere Schwester, die dieselbe Gruppe schon seit zwei Jahren besucht, verhält sich der Junge auffallend zurückhaltend. Obwohl die Eingewöhnungszeit schon längst abgeschlossen sein sollte, bleibt Anton nach seiner Ankunft in der Kita immer noch lange im Türrahmen stehen, reagiert kaum auf Aufforderungen und geht erst nach einiger Zeit in den Bau- und Konstruktionsbereich, wo er sich bevorzugt mit der Holzeisenbahn beschäftigt. Er spielt dabei grundsätzlich allein und wirkt in sich versunken. Beteiligen sich andere Kinder an seinem Spiel, zieht sich Anton an einen anderen Ort zurück oder er sieht den Spielenden passiv und ohne erkennbare Regung zu.

Zunächst ist eine Entwicklungsverzögerung auszuschließen

Wie ist das Verhalten einzuordnen?
Der Kita-Start liegt nun schon über vier Monate zurück. Auch nach den Weihnachtsferien hat sich an Antons starker Zurückhaltung nur wenig verändert. Hinzu kommt, dass der Junge von sich aus kaum spricht und nur auf Ansprache von erwachsenen Personen in der Gruppe reagiert bzw. verbal antwortet. Aufforderungen, wie zum Beispiel aufzuräumen oder sich in den Morgenkreis zu begeben, kommt Anton ohne Widerstand nach. Analog zum ICD-Code spricht man spätestens nach sechs Monaten, in denen ein auffälliges Verhalten unverändert besteht, von einem manifestierten Verhaltensmuster. Dabei stellt sich zunächst die Frage, inwieweit die Entwicklung des Jungen altersgemäß ist. Auch hier geben die Diagnosekriterien des ICD Orientierung.
Zusätzlich zieht die Erzieherin die Entwicklungstabelle nach Kuno Beller zurate. Danach ist Antons Entwicklung altersgemäß. Aufgrund seiner geringen sprachlichen Aktivität ist der Bereich Sprache jedoch nur eingeschränkt beobachtbar. Allerdings zeigt der Junge ein ausgeprägtes Sprachverständnis und reagiert auf die Ansprache der Betreuungspersonen angemessen und mit erstaunlich korrekter Grammatik. Infolge dieser Beobachtungen ist eine Entwicklungsverzögerung eher auszuschließen.
In dieser Situation helfen systemische Hypothesen, die Beweggründe und Lebensumstände des Jungen besser zu erfassen und Lösungsansätze zu entwickeln. Für das Team ist dazu eine bestimmte Vorgehensweise hilfreich:

1. Das Lebensumfeld des Kindes erfassen,
2. mögliche Funktionen des gezeigten Verhaltens erkennen,
3. Fragen zur Lösungsfindung und Hypothese formulieren,
4. ressourcenorientierte Strategien entwickeln,
5. diese durch Beobachten der Reaktionen bzw. Entwicklung des Kindes überprüfen,
6. die Hypothese ggf. verändern oder korrigieren.

Das Lebensumfeld erfassen

Anton wächst zusammen mit seiner Mutter und der Schwester auf. Die Geschwister haben unterschiedliche Väter, die sich nur wenig um sie kümmern. Zu dritt bewohnen sie eine einfache Wohnung und leben überwiegend von Sozialhilfe. Den Erzieherinnen gegenüber wirkt die Mutter ruhig, fast schon zurückhaltend. Sie bemüht sich um eine gute Zusammenarbeit, ist darin aber nicht immer verlässlich. Nach Informationen von unterschiedlichen Seiten hat sie anscheinend Phasen, in denen sie psychisch sehr labil ist. Die Kinder verbringen dann viel Zeit bei den Großeltern mütterlicherseits, die im gleichen Ort leben. Offenbar sind die Großeltern für die Kinder sehr wichtig. Gegenüber der Oma zeigt sich Anton am aufgeschlossensten.

Funktionen des Verhaltens erkennen

Vor diesem Hintergrund stellt sich als nächstes die Frage, welche Bedeutung das gezeigte Verhalten für das Kind hat. Dabei müssen sich die pädagogischen Fachkräfte der Tatsache bewusst sein, dass sie dem jeweiligen Familiensystem, das es zu betrachten gilt, mit ihren eigenen Erfahrungen und Bewertungen gegenüberstehen – entsprechend leicht kann es zu unreflektierten Übertragungen und Schlussfolgerungen kommen. Wenn Emotionen wie Mitgefühl mit Anton im Hinblick auf die Beziehung zu seiner Mutter aufkommen, ist es wichtig, diese wahrzunehmen. Sie rechtfertigen aber ein Eingreifen in das System nicht. Auch wenn die Eltern Schwächen zeigen, ist dies nicht angebracht. Ausgenommen sind natürlich Situationen, in denen das Kindeswohl durch Missbrauch, Misshandlung oder Verwahrlosung gefährdet scheint!

Fragen zur Lösungsfindung und Hypothese formulieren

Aus systemischer Sicht fragen wir deshalb nach den Ressourcen und Strukturen, die das Kind nutzt, um Situationen zu bewältigen und sich entsprechend seiner Möglichkeiten weiterzuentwickeln. Folgende Fragen und Beobachtungen können dazu hilfreich sein:

Gegenwart und Zukunft

- Wie zeigt sich das Verhalten im „Hier und Jetzt“?
- Welche Möglichkeiten ergeben sich für das Kind durch eine Veränderung des Verhaltens?

Die oben beschriebenen Verhaltensweisen führen dazu, dass Anton Kontakte mit anderen Kindern meidet und dadurch keine Erfahrungen machen kann. Eine Veränderung würde ihm einen neuen Variantenreichtum an Erfahrungen und damit eine Weiterentwicklung ermöglichen.

Positive Absichten und Ressourcen

- Was braucht das Kind? Was teilt es uns durch sein Verhalten mit?
- Welche Ressource wird deutlich?

Es macht den Eindruck, dass Anton Orientierung und ein gewisses Maß an Sicherheit benötigt, um in der Kindergruppe seinen Platz zu finden. Den findet er schließlich mithilfe von Materialien, die immer wieder neue Variationen ermöglichen (Holzeisenbahn).

Kontext

- In welchem Zusammenhang steht das Verhalten? In welchen Situationen tritt es auf?
- Bei welchen Anlässen tritt die Verhaltensweise nicht (so ausgeprägt) auf?
- Welche Bedeutung hat das Verhalten vor diesem Hintergrund?

Die zurückgezogenen Spielsituationen treten im Kontext mit anderen Kindern auf. Seine Schwester ist keine Ansprechpartnerin für Anton. Er muss sich selbst orientieren und mit den anderen Kindern zurechtfinden. An Angeboten in Kindergruppen, die Erwachsene durchführen, nimmt Anton teil. Eigeninitiative entwickelt er dort nicht.

> **Im Vordergrund stehen der Respekt und die Wertschätzung gegenüber der Lösung des Kindes.**

Veränderung

- Welche Umstände ermöglichen Veränderung?
- Was braucht das Kind, um Veränderung zuzulassen bzw. zu akzeptieren?

Veränderung wird möglich, wenn eine erwachsene Bezugsperson mit in das Geschehen eintritt und das freie Spiel aktiv begleitet. Dann spielt Anton manchmal weiter, auch wenn sich andere Kinder beteiligen.

Bezugspersonen

- Welche Bezugspersonen geben dem Kind Halt und Stabilität?
- Welche Bezugspersonen verunsichern es?

Grundsätzlich sind es erwachsene Bezugspersonen, die Anton den nötigen Halt geben. Männern gegenüber ist er aber weniger aufgeschlossen als Frauen. Offensichtlich hat er sich eine bestimmte Erzieherin in der Gruppe ausgesucht, zu der er hin und wieder von sich aus körperliche Nähe sucht. Gegenüber der Großmutter zeigt er am meisten emotionale Regungen. Kinder dagegen scheinen Anton zu verunsichern. Er weiß offenbar nicht, wie er sich ihnen gegenüber verhalten soll.

Sinn und Funktion

- Welchen Sinn hat die „störende" Verhaltensweise für das Kind?
- Welche Funktion erfüllt sie?

Antons Rückzug könnte ihm Schutz, Halt und Orientierung bieten. Ebenso scheint er mit hoher Aufmerksamkeit und Ausdauer (langes Verharren an der Tür) das Spiel und die Interaktionen der anderen Kinder zu beobachten (vgl. Schwing & Fryzer 2009, S. 135 ff.).

Als Ergebnis der Auseinandersetzung des Teams mit diesen Fragen wird die folgende Hypothese aufgestellt:
Anton ist altersgemäß entwickelt und holt sich Informationen und Impulse hauptsächlich durch Beobachtung der Kinder seiner Gruppe. In seinem altersgemäßen Spiel wiederholt er bestimmte Erfahrungen und lässt sich auf wenig Neues ein. Dadurch bestimmt er selbst sein Entwicklungstempo. Er ist zugänglich für Impulse und Angebote von Erwachsenen.

Was braucht das Kind, um Veränderung zuzulassen bzw. zu akzeptieren?

Ressourcenorientierte Strategien entwickeln
Diese Hypothese bedarf nun der weiteren Betrachtung. Zunächst handelt es sich um einen lösungsorientierten Ansatz, der im pädagogischen Alltag überprüft wird. Es macht demnach keinen Sinn, Anton zum Spiel mit anderen Kindern zu zwingen, indem ihm zum Beispiel bestimmte „Spielrituale", wie etwa jeden Tag ein Brettspiel mit einem anderen Kind, auferlegt werden.
Zu solchen vermeintlichen und gut gemeinten Lösungsansätzen wird manchmal vielleicht gegriffen, um das System zu entlasten. Sie bringen die Kinder allerdings in eine Zwangssituation.
Im Vordergrund stehen der Respekt und die Wertschätzung gegenüber der Lösung des Kindes. Dadurch werden auch dessen Stärken und Möglichkeiten deutlich, mit Entwicklungswegen umzugehen, die uns nicht ideal erscheinen. Um Veränderungen einzuleiten, wird bewusst auf diese Ressourcen zurückgegriffen. Konkret bedeutet dies:

- Anton bekommt die Zeit, die er braucht, um andere Kinder zu beobachten.
- In der Freispielphase bestimmt er den Inhalt, die Spielpartner und den Ort des Spiels selbst.
- Hin und wieder geben die Erzieherinnen Impulse, indem sie sich am aktuellen Spiel des Jungen aktiv beteiligen, Material anbieten oder neue Spielangebote machen. Dabei achten sie auf Signale, was Anton zulässt und was nicht.
- Die Aktionen der Fachkräfte werden sprachlich begleitet („Ich mache jetzt … und gebe dir …").
- Lässt Anton die aktive Beteiligung der Bezugsperson zu, kann diese versuchen, Spielvariationen oder neue Spielvorschläge einzubringen.
- Wenn Kinder sich an Antons Spiel beteiligen möchten, dürfen sie das. Es soll aber wie sonst auch die Regel gelten, dass zuerst die Einwilligung des spielenden Kindes eingeholt wird.
- Es werden gezielte Beobachtungen zur Überprüfung der aufgestellten Hypothese durchgeführt.

Zusammenarbeit mit der Mutter
Um dem Ziel einer partnerschaftlichen Zusammenarbeit näherzukommen, ist eine einfühlsame und klare Vorgehensweise mit der Mutter unter Einbeziehung der Großeltern hilfreich. Die erste Ansprechpartnerin bleibt die Mutter, da sie Antons erste Bezugsperson ist. Die Großeltern spielen eine wichtige Rolle im Leben des Jungen und auch die Bezugserzieherin erfüllt darin eine wichtige Funktion. Letztere erkennt jedoch die Reihenfolge der Beziehungen und nimmt die Mutter als kompetente Partnerin an. Die Rolle der Großeltern, vor allem der Großmutter, wird mit ihr offen besprochen. Als Sorgeberechtigte bestätigt die Mutter mit ihrer Unterschrift, dass die Großeltern die Kinder abholen dürfen. In diesem Fall nimmt sie die Unterstützung ihrer Eltern an. Die Erzieherin klärt mit ihr den Kontrakt im Rahmen des Bildungs- und Erziehungsauftrags der Kita. Auch wenn die Mutter zeitweilig psychische Probleme hat, ist sie in erster Linie als

wichtigste Bezugsperson ihrer Kinder zu sehen. Wenn Unterstützung durch weitere Institutionen wie zum Beispiel Familienberatung oder Frühförderung nötig ist, kann die Erzieherin ihre Hilfe bei der Vermittlung anbieten. Um Verstrickungen zu vermeiden, ist eine Abgrenzung der Rollen und Aufgaben in dieser Situation angebracht. Diese Klarheit und Unterstützung gibt Anton auch Orientierung und befähigt ihn, seine Lösungsstrategien zu nutzen und auszuweiten.

Überprüfung der Hypothese

Während der nächsten drei Monate gelingt es den pädagogischen Fachkräften immer besser, eine Haltung einzunehmen, in der sie Antons Lösungsansätzen mit Achtung begegnen können. Vielleicht ist es diese Haltung, vielleicht die Zeit, die dem Jungen gegeben wird, die strukturierte Vorgehensweise oder alles zusammen, was es Anton ermöglicht, sich gelegentlich für andere Kinder zu öffnen und gemeinsame Spielsituationen zuzulassen. Mehrere gezielte Beobachtungen, vor allem nach der „Leuvener Engagiertheitsskala", zeigen, dass Anton sich immer wieder in neuen Situationen befindet, in denen die Erzieherinnen emotionales Wohlbefinden und hohes Engagement zu erkennen glauben. Anton zeigt dabei zunehmend eine eigene, originelle Kreativität. Gleichzeitig häufen sich Konflikte mit seiner Schwester Sarah – anscheinend muss etwas zwischen den Geschwistern ausgehandelt werden. Nach der Beobachtungszeit erweist sich, dass die ursprüngliche Hypothese, in der es darum ging, Antons Lösungsversuche aufzugreifen und ihn in seinen Ressourcen zu unterstützen, hilfreich war. Diese wird jetzt nicht mehr benötigt. Mehr beschäftigen die Fachkräfte nun die Konflikte zwischen den Geschwistern, die ein neues Vorgehen erfordern.

Fazit

Der systemische Blick auf Antons Situation und die Anerkennung seiner Strategien und Lösungsansätze unterstützen den Zugang zum Kind. Durch die Verstärkung der vorhandenen Möglichkeiten wird er befähigt, sein Leben anzunehmen und Herausforderungen zu bewältigen. Das pädagogische Team zeigt seine Kompetenz durch eine strukturierte Vorgehensweise bei der Entwicklung eines lösungsorientierten Arbeitsansatzes. Gezielte Beobachtungen bringen Klarheit und unterstützen die Prozesse. Die Rollen in der Zusammenarbeit mit der erweiterten Familie und eventuell unterstützenden Institutionen werden deutlich gemacht und wenn nötig abgegrenzt.

Lennart verhält sich dominant

Unter den 23 Kindern im Alter zwischen 2,5 und 5,5 Jahren sticht der vierjährige Lennart vom ersten Tag an durch seine außerordentliche Dominanz hervor. Kaum ein Spiel oder Angebot, bei dem er nicht die Hauptrolle spielen, als Erster drankommen will oder das beste Ergebnis abzuliefern meint. Bei Spielen mit mehreren Kindern setzt er sich schnell durch und schafft es, dass die anderen auf sein Kommando hören. Ordnen sich andere Kinder seinen Vorstellungen nicht unter, kommt es häufig zu Konflikten. Einige meiden aus diesem Grund das gemeinsame Spiel mit ihm. Auch bekommt Lennart immer wieder bei vergleichsweise nichtigen Anlässen Schrei- und Weinanfälle. Es genügt, dass ein Kind „seinen" Platz am Esstisch besetzt oder eine Erzieherin ihn auffordert, sich selbst für den Garten anzuziehen.

Lennarts Verhalten wird von den pädagogischen Fachkräften mit gemischten Gefühlen betrachtet. So bestimmend er in der Gruppe die Macht an sich zieht, so liebenswürdig kann er auch sein. Manchmal entsteht das Gefühl, dass man es mit zwei verschiedenen Kindern zu tun hat. Manche empfinden ihn als zu dominant und fordern klare Grenzen, andere sind eher amüsiert und bewundern insgeheim seine Präsenz und sein Durchsetzungsvermögen. Seine Bezugserzieherin möchte ihm mit viel Empathie und Zuwendung helfen, einen angemessenen Platz in der Gruppe zu finden. Allen gemeinsam ist, dass sie sich intensiv um Lennart bemühen. Doch je intensiver dies geschieht, desto mehr drängt er sich in den Vordergrund.

Je intensiver sich alle um Lennart bemühen, desto mehr drängt er sich in den Vordergrund.

Die Eltern

Lennarts Mutter ist sehr bemüht um ihren einzigen Sohn. Jede Entscheidung wird mit ihm diskutiert und auf seine Bedürfnisse abgestimmt. Ihre aufopfernde Haltung quittiert er mit einem fordernden Umgangston, mit dem er selbstbewusst seine Ansprüche durchsetzt. Seltsam muten die Rituale zwischen den beiden beim An- und Ausziehen an. Der Junge besteht darauf, dass sie ihn in einer bestimmten Reihenfolge an- bzw. auskleidet. Wird diese nicht eingehalten, kommt es zu Wutanfällen und Beschimpfungen. Die Mutter wirkt dabei hilflos und verzweifelt und drückt dies der Erzieherin gegenüber auch aus. Letztendlich gibt sie dem Drängen ihres Sohnes nach. Gelegentlich wird Lennart auch von seinem Vater abgeholt. Meist läuft dies stumm und ohne erkennbare Emotionalität ab. Der Vater muss oft lange warten, bis Lennart bereit ist, seine Tätigkeit zu beenden, um sich von ihm anziehen zu lassen. Die ganze Prozedur verfolgt der Vater mit fast schon resignierter Miene. In diesen Situationen schreitet die resolutere der beiden Erzieherinnen immer wieder ein und fordert Lennart auf, sein Spiel zu beenden und zu seinem Vater zu gehen. Dies ist jedoch kaum noch nötig, da der Vater Lennart immer seltener abholt.

Unterschiedliche Lager

In kürzester Zeit haben sich die pädagogischen Fachkräfte und auch die Kinder der Gruppe in unterschiedliche Lager gespalten. Es bildet sich ein Freundeskreis um Lennart, der sich ihm unterordnet und ihn verteidigt. Einzelne Kinder wehren sich gegen sein dominantes Verhalten; sie stehen dann meistens alleine.

Die beiden Erzieherinnen haben eine eher unbestimmte pädagogische Haltung entwickelt. Sie haben erkannt, dass es leichter ist, die meisten anderen Kinder zu etwas zu motivieren, wenn sie sich Lennarts Begeisterung für eine Sache sichern. Häufig fühlen sie sich von dem Jungen jedoch regelrecht „überfahren" und sind immer wieder sehr um Grenzsetzung bemüht. Dabei gibt es keine Abstimmung im Team, entsprechend unterschiedlich fallen die Reaktionen der anderen Fachkräfte auf Lennarts Verhalten aus. Doch je unterschiedlicher die Auffassungen über die „richtige" Umgangsweise mit dem Kind sind, desto mehr scheint Lennart zu wachsen und den Raum mit seiner Präsenz zu füllen. Die beiden Erzieherinnen sind unzufrieden mit der Situation, finden aber keinen gemeinsamen Weg. Gegenseitige Vorwürfe und Rechtfertigungen des eigenen Handelns behindern eine gemeinsame Linie.

Perspektivenwechsel durch Skulpturarbeit

Das Gefühl, alleine nicht mehr weiterzukommen, veranlasst die Gruppenleitung, die Situation in eine Fallsupervision einzubringen. Die Supervisorin lässt die Situation in beiden Systemen (Lennart und seine Familie; das Team in Verbindung mit Lennart) als Skulptur aufstellen. Skulpturarbeit ist eine systemische Methode, die neue Perspektiven eröffnet. Durch das eigene Erleben wird die Situation des Kindes besser verstanden. Die Kolleginnen stellen sich dabei für die Rollen des Systems zur Verfügung, das von der Gruppenleitung aus ihrer subjektiven Sicht aufgestellt wird. „Die verschiedenen Perspektiven, die im System vorhanden sind, werden hautnah erlebt und nachvollzogen. Die Bedürfnisse und Sichtweisen einzelner Systemmitglieder können so erkannt werden. Dabei zeigt sich außerdem, ob die Wahrnehmung der Kollegin eine gewisse Plausibilität hat: Erlebt die Gruppe das eingebrachte System als in sich stimmig und nachvollziehbar oder nicht?" (Schwing & Fryzer 2009, S. 204).

Systemische Skulpturen unterscheiden sich von Rollenspielen dadurch, dass die Darsteller nicht von sich aus agieren, sondern in dem Kontext, in den sie als eine bestimmte Person gestellt wurden, ihre Wahrnehmungen und Gefühle wiedergeben.

Die Supervisorin weist darauf hin, dass die Aufstellung des Familiensystems nur zur Orientierung und Erweiterung des Verständnisses

Dem Kind helfen, eine angemessene Rolle in der Gruppe einzunehmen

dient. Da die Familie ihre Situation nicht selbst eingebracht hat, macht es in diesem Kontext wenig Sinn, verändernde Interventionen vorzuschlagen. Das Hauptaugenmerk liegt auf der Gruppendynamik und dem Umgang des Teams mit der Situation. Um die Dynamik zu verstärken, fordert die Supervisorin Lennarts Darstellerin auf, sich auf einen Stuhl zu stellen. Schlagartig wird seine Machtposition und die Hilflosigkeit der Erzieherinnen deutlich.

Es fällt auf, dass Lennart in beiden sozialen Systemen ähnliche Empfindungen äußert: „Ich kann tun, was ich will. Ich bin stark und mächtig." Aber auch: „Ich fühle mich allein. Eigentlich interessiert sich niemand richtig für mich." Ebenso wird deutlich, dass der Vater im Familiensystem keine klare Position seinem Sohn gegenüber einnimmt, während die Mutter mit ihrer übermächtigen Fürsorge dem Jungen kaum Raum lässt. Die Psychologin Jirina Prekop sieht eine häufige Ursache dieser unklaren Haltung in einem „Nachholbedürfnis nach Freiheit" der Eltern. Dies kommt vor allem bei Eltern vor, die in ihrer Kindheit eher rigide Strukturen erlebt haben und ihre Bedürfnisse als Kind nicht angemessen zum Ausdruck bringen durften (vgl. Prekop 1998, S. 80 ff.). Beide Eltern vermeiden zudem die Konfrontation und tauschen sich offenbar nicht miteinander über ihre Befindlichkeit und die Situation mit ihrem Jungen aus. Für das pädagogische Team wird deutlich, dass es kaum gemeinsame Vorgehensweisen gibt. Die Kolleginnen fühlen sich teilweise überfordert, hilflos und finden nicht zueinander. Jede ist mit ihren eigenen Gefühlen beschäftigt, diese werden einander nicht mitgeteilt.

Ist Lennart am richtigen Platz?

Salvador Minuchin, einer der Begründer der systemischen Therapie, geht davon aus, dass es in Familien universelle Regeln gibt, die diese aufrechterhalten: „Es muss beispielsweise eine Machthierarchie in der Familie geben; Eltern und Kinder besitzen innerhalb dieser Hierarchie jeweils unterschiedliche Autorität. Es muss auch ein ausgewogenes Verhältnis hinsichtlich der Funktionen vorhanden sein, und Mann und Frau müssen ihre Interdependenz [gegenseitige Abhängigkeit, Anm. d. Verf.] akzeptieren und als Team zusammenarbeiten" (Minuchin 1990, S. 67).

Eltern agieren auf der Elternebene und klären ihre Beziehung und Wünsche untereinander. Sie dürfen diese nicht an das Kind richten und eigene kindliche Bedürfnisse übertragen. Sonst kommt es leicht zu einer Umkehrung der Verhältnisse – so wie in Lennarts Fall.

Natürlich steht es nicht in der Macht der Erzieherinnen, für eine grundlegende Veränderung im Familiensystem zu sorgen. Die Gruppenleitung kann im Elterngespräch wertschätzend spiegeln, wie sie die Situation wahrnimmt. Auf Nachfrage der Eltern kann sie Hinweise auf Beratungsmöglichkeiten geben. Für das Team gelten ähnliche Voraussetzungen. Pädagogische Fachkräfte sind nicht die Freunde der Kinder und dürfen eigene Bedürfnisse nicht auf sie übertragen. Sie stehen in der Verantwortung, klare Positionen einzunehmen, ihre Rolle zu reflektieren, als Team zusammenzuarbeiten, die Unterschiede der Teammitglieder anzunehmen und sich um gemeinsame Wege zu bemühen.

In der Kita-Gruppe hat Lennart die Chance, sich als Kind zu erleben und eine angemessene Rolle zu übernehmen. Aus entwicklungspsychologischer Sicht ist er mit vier Jahren dazu bereits fähig. Die Gruppe stellt eine Erweiterung der sozialen Möglichkeiten dar. Lennart lernt, sich in einem anderen sozialen System zurechtzufinden und angemessene Umgangsformen zu entwickeln, damit das Zusammenleben gelingt. Um dieses Ziel zu erreichen, braucht es jedoch noch wichtige Schritte.

Skulpturarbeit ist eine systemische Methode, die neue Perspektiven eröffnet.

Weitere Schritte in der Supervision

Die Darsteller werden von der Supervisorin gefragt, was sie in ihrer Position wahrnehmen und empfinden. Die betroffenen Teammitglieder sehen zunächst zu. Die Darsteller der Erzieherinnen äußern ihre Besorgnis und Bemühungen, spüren aber auch Hilflosigkeit, Einsamkeit und Überforderung. Lennarts Protagonistin dagegen fühlt sich mächtig und überlegen. Als nächstes stellt die Supervisorin die Fachkräfte in einer Position auf, die sie gegenüber Lennart stärkt und Austausch ermöglicht. Hierfür wenden sie sich etwas von ihm ab und sich gegenseitig zu. Das Zusammenstehen der Erzieherinnen bewirkt, dass Lennarts Stellvertreterin die erhöhte Position verlässt und bereit ist, die kindgerechte Ebene einzunehmen. Erst dort sind Nähe und Begegnung wieder möglich.

Um Lennart von seiner Position zu erlösen, sind zunächst Auseinandersetzung und Konfrontation nötig. Die Erwachsenen fühlen sich in ihrer Kompetenz bestärkt. Lennarts

Darstellerin äußert, dass sie sich auf der Kinderebene viel wohler fühlt als zuvor alleine. Ein berührender Moment, da alle erleben, wie einsam Menschen sind, die ihren „richtigen Platz" nicht gefunden haben.

Lösungsansätze im pädagogischen Alltag

Gegenseitiger Austausch, klare Absprachen im Team, Konfrontation und konsequentes Einhalten von Regeln prägen seither das Verhalten der pädagogischen Fachkräfte Lennart gegenüber. Gefühle von Ohnmacht und Hilflosigkeit, die manchmal auftreten, dürfen sein und werden von allen akzeptiert. So können die Kolleginnen leichter aufeinander zugehen und es kommt zu Gesprächen über den Umgang mit Lennart in Situationen, in denen sein Machtanspruch dominiert. Im Team werden Fragen erörtert und Vorgehensweisen vereinbart:

Erwachsene dürfen eigene Bedürfnisse nicht auf Kinder übertragen.

- Wo hat wer das Sagen?
- Regeln und Grenzen werden neu definiert, mit den Kindern besprochen und konsequent umgesetzt.
- Gewalt und unangemessene Aggression gegenüber anderen Kindern wird direkt und unmittelbar konfrontiert und unterbunden.
- Falls nötig, werden Kinder geschützt.
- Dabei können sich die Fachkräfte der Unterstützung ihrer Kolleginnen sicher sein.
- Lennart wird als Kind seiner Altersstufe gesehen und behandelt.
- Sozial konstruktives Verhalten des Jungen wird gesehen und bestärkt.
- Seine Fähigkeit zur Führung kann er in kontrollierten Situationen umsetzen; wichtig dabei ist, dass diese nicht in Machtmissbrauch und Kontrolle umschlägt.

In der Zusammenarbeit mit den Eltern vertritt das Team seine Position, ohne die Eltern in ihrem Handeln zu bewerten. In Gesprächen geht die Erzieherin auf die Empfindungen der Eltern in der Abholsituation ein und bietet Unterstützung an.

Zwei Monate später

Die pädagogischen Fachkräfte berichten in einer weiteren Supervisionssitzung, dass sie nun einstimmiger zusammenarbeiten und sich häufiger über ihre Vorstellungen und Vorgehensweisen austauschen. Die gegenseitige Unterstützung wird als hilfreich erlebt und die Mitarbeiterinnen bekommen mehr Gelassenheit in Grenzsituationen. Dies hat dazu geführt, dass sich alle deutlich wohler im Team fühlen. Das hat auch Auswirkungen auf Lennart. Die konsequente Grenzsetzung hat bei ihm wie erwartet zunächst Widerstand ausgelöst. Seit er jedoch merkt, dass die Fachkräfte es ernst meinen, verändert sich sein Verhalten. Zunehmend akzeptiert er den Führungsanspruch der Erwachsenen in der Gruppe und seine Rolle als Kind darin. Er gibt auch mal bereitwilliger nach und öffnet sich mehr für die Interessen anderer. Bestätigung erhält er in seiner Fähigkeit, ein Spiel anzuleiten oder eine Spielgemeinschaft zu motivieren.

Hin und wieder drückt Lennart sein Bedürfnis nach körperlicher Nähe aus. Da genügt es, wenn er zum Beispiel während des Morgenkreises neben der Erzieherin sitzen darf. Auch die Eltern bemerken die Veränderung. Vor Kurzem fand das regelmäßige Entwicklungsgespräch statt. Dabei spürte die Erzieherin die große Aufmerksamkeit der Eltern, als sie über die Entwicklung der Arbeitsweise des Teams und der damit verbundenen Veränderung von Lennarts Verhalten berichtete. Nachdenklich verließen sie die Einrichtung. Vielleicht öffnen sie sich in Zukunft für das Angebot der Familienberatungsstelle.

Fazit

Erleben Kinder ein unklares System oder werden unangemessene Bedürfnisse auf sie übertragen, kann es leicht geschehen, dass sie eine falsche Position einnehmen. Erst wenn Erwachsene beginnen, sich selbst und die anderen wahrzunehmen, sich auszutauschen, konsequent zusammenzustehen und gemeinsame Regeln einzuhalten, hat das Kind wieder die Chance, Geborgenheit und Nähe in der Kindposition zu erleben und seinen Entwicklungsaufgaben nachzukommen.

Tabea ist oft traurig

Tabea ist vier Jahre alt und kommt seit einem halben Jahr in die Kita. Sie gehört zu den Kindern, die auf den ersten Blick als gut integrierte und unauffällige Mitglieder der Gruppe wirken. Regelverstöße kommen bei ihr so gut wie nie vor, Kontakt pflegt sie vor allem zu gleichaltrigen Kindern. Auch wenn sie im Spiel mit anderen Kindern gut eingebunden ist, drückt ihr Gesicht immer eine Spur von Traurigkeit aus. Seltsam jedoch wirken die Scheu und Zurückhaltung des Mädchens gegenüber den Gruppenerzieherinnen, die Tabea bisher auch noch nicht haben lachen sehen. Ihre ernste Miene, die blasse Haut und ihre schmächtige Gestalt erwecken den Eindruck einer verletzlichen Persönlichkeit.

Wie verlief die Eingewöhnung?
Tabeas Eingewöhnung vor sechs Monaten verlief ruhig und unauffällig. Das Mädchen wirkte während dieser Zeit fast willenlos – so, als ließe es alles über sich ergehen. Die tägliche Trennung war offensichtlich eher für ihre Mutter schwierig. Diese zögerte den Abschied hinaus und fand immer wieder einen Anlass zurückzukehren; sei es, um der Erzieherin noch eine Information zu geben, die Haarspangen des Mädchens in der Gruppe abzugeben oder aber einfach nur, um Tabea noch ein allerletztes Küsschen zu geben.
Natürlich blieb dieser Umstand von der Erzieherin nicht unbemerkt. Dass sich Eltern mit Abschiedssituationen mitunter schwerer tun als ihre Kinder, ist für die erfahrene Fachkraft nichts Neues. In solchen Situationen wird häufig eine Verstrickung deutlich, die das Kind in eine konfliktträchtige Lage bringt. Kinder lieben ihre Eltern und fühlen sich ihnen gegenüber zu Loyalität verpflichtet. Vielleicht erlebt Tabea eine allzu offen gezeigte Zuwendung zur Erzieherin unbewusst als Verrat an ihrer Mutter.

Hinter dem traurigen Verhalten kann ein Loyalitätskonflikt stehen

Erkenntnisse durch Beobachtung
Die Situation gibt der Erzieherin zu denken. Öfter wandert ihre Aufmerksamkeit nun zu Tabea. In verschiedenen Beobachtungssequenzen fällt ihr Folgendes auf:

- Im Freispiel sucht das Mädchen stets den gleichen Spielbereich auf.
- Bei Aufforderungen durch die pädagogischen Fachkräfte reagiert Tabea rasch und unauffällig.
- Sie spielt ausschließlich in Kleingruppen mit gleichaltrigen Kindern.
- Ihre Bewegungen sind zurückhaltend und zögerlich.
- Feinmotorisch ist das Mädchen geschickt.
- Tabea nimmt von sich aus keinen Kontakt zu den Erzieherinnen der Gruppe auf.
- Sie äußert keine Bedürfnisse.
- Die Erzieherin kann sie weder lachen noch weinen sehen.
- Ihr Gesichtsausdruck wirkt bei allen Aktivitäten traurig und verschlossen.

Gespräch mit der Mutter
Aufgrund dieser Beobachtungen nimmt die Erzieherin die nächste Möglichkeit wahr, um mit Tabeas Mutter ins Gespräch zu kommen. Auf die tägliche Übergangsphase angesprochen äußert diese, dass sie sich eigentlich immer noch nicht sicher ist, ob es nicht zu früh sei, ihr Kind in die außerfamiliäre Betreuung zu geben. Den Hinweis der Fachkraft, dass die überwiegende Mehrheit der Kinder in diesem Alter eine Kita besuchen und dort wichtige neue Erfahrungen machen, überhört sie. Das zeigt der Erzieherin, dass sie Tabeas Mutter in dieser Situation nicht mit Argumenten überzeugen kann, sondern dass das Problem auf der emotionalen Ebene angesiedelt ist. Die Erzieherin kann der Mutter ihre Wahrnehmung auf wertschätzende Weise schildern, ohne von ihr eine Veränderung zu verlangen. Erst einmal möchte sie einfach verstehen. Einfühlsam geht sie auf die Gründe ihrer Gesprächs-

partnerin ein. Dabei wird sich diese ihrer inneren Zerrissenheit bewusst. Einerseits ermöglichen die Erfahrungen mit anderen Kindern ihrer Tochter einen wichtigen Entwicklungsschritt, andererseits erfüllt es die Mutter jedes Mal mit Traurigkeit, wenn sie Tabea in der Kita zurücklassen muss.
Tabeas Mutter ist sichtlich berührt. Es ist für sie eine neue Erfahrung, dass sich jemand für ihre Sichtweise und die Art und Weise, wie sie als Mutter mit dem inneren Konflikt umgeht, wirklich interessiert. Dadurch ist sie dem Vorschlag der pädagogischen Fachkraft gegenüber offener. Die Erzieherin bittet die Mutter, Tabea vor dem nächsten Besuch in der Kita zu sagen, dass sie sich freut, dass sie nun schon so groß ist und in den Kindergarten gehen kann, und dass sie ihr viel Freude dabei wünscht. Es ist von großer Bedeutung für das Kind, dass die Mutter sie gut gehen lassen kann und dies ihr gegenüber auch ausdrückt. Erst dann ist es Tabea vielleicht möglich, sich für neue Beziehungen zu öffnen. Tabeas Mutter tut sich mit dieser Aussage allerdings sichtlich schwer.

Oftmals übernehmen Kinder die Gefühle ihrer primären Bezugsperson.

Widerspiegeln – eine Gesprächstechnik

Die Erzieherin nimmt die Gefühle der Mutter wahr und spiegelt diese im Gespräch, ohne zu werten:
E: „Dieser Gedanke fällt Ihnen schwer."
M: „Was tue ich meinem Kind da an? Es ist nicht leicht für meine Kleine, auch mit anderen Kindern."
E: „Sie kennen das?"
Die Mutter ist sehr nahe an ihren eigenen Gefühlen und erzählt der Erzieherin von ihren Erfahrungen, vor allem aus der Schulzeit, in der sie selbst immer am Rand stand und sie die Hänseleien der anderen Kinder sehr verletzten.
E: „Sie möchten Ihrem Kind diese Erfahrung gerne ersparen, das ist verständlich."
Im weiteren Verlauf berichtet die Erzieherin von ihren Beobachtungen zu Tabeas Verhalten.

Das Widerspiegeln ermöglicht dem Gesprächspartner, sich mit den eigenen Empfindungen und Wahrnehmungen auseinanderzusetzen. Der Gesprächspartner soll dadurch in die Lage versetzt werden, „frei Stellung zum Widergespiegelten zu nehmen" (Pallasch 1990, S. 81). Der pädagogischen Fachkraft fällt ein schöner Text ein, den sie kürzlich gelesen hat und der gut zu dieser Thematik passt:
„Nur der, der keine Bindungen hat, kennt keine Trennungsschmerzen. Jede Trennung von einem geliebten Menschen löst Schmerz und Trauer aus. Keinem Menschen bleibt diese qualvolle Erfahrung erspart. Niemand kann sie uns ersparen, weil sie Teil unseres Lebens ist. Und weil sie ein Teil unseres Lebens ist, sollte schon ein Kleinkind den Rhythmus von Halten und Loslassen erleben und lernen, damit zu leben. Ein Kind braucht viel Kraft, um loslassen zu können und selbstständig zu werden. Dazu braucht es die Hilfe der Eltern, die selbst fähig sind, loszulassen, und Freude daran haben, zu sehen, wie ihr Kind ein eigenständiger Mensch wird" (Bäck et al. 2003, S. 18).
Den Text kopiert sie für die Mutter. Mit ihren Interventionen hat die Erzieherin einen inneren Prozess bei Tabeas Mutter in Gang gesetzt, der diese zum Nachdenken bringt. Die Haltung der Mutter resultiert aus ihren eigenen Gefühlen und ist auf der kognitiven Ebene, das heißt mit Argumenten, nicht zu lösen. Stattdessen bietet die Fachkraft Tabeas Mutter an, eine neue Erfahrung zu machen und für eine bestimmte Zeit eine gemeinsame Vereinbarung (Kontrakt) dafür zu schließen.

Eine neue Erfahrung ermöglichen

Die Mutter stimmt zu und beide Frauen vereinbaren einen Kontrakt, in dem sie die weitere Vorgehensweise festlegen: Morgens wird Tabeas Mutter die Kita nach einem kurzen Abschiedsritual verlassen. Bei diesem Ritual übergibt sie das Kind der Erzieherin, diese begleitet es anschließend in den Gruppenraum. Im Gegenzug versichert ihr die Erzieherin, sie sofort auf dem Handy anzurufen, wenn Tabea nach ihr verlangt. Bei einem weiteren Gesprächstermin in ca. vier Wochen werden die beiden sich über ihre Erfahrungen mit dieser Maßnahme austauschen und das weitere Vorgehen miteinander besprechen.
Bereits in den ersten Tagen zeigt sich der erwünschte Erfolg. Tabeas Mutter gelingt es, den Abschied relativ zügig und mit Wohlwollen zu vollziehen. Ihre Tochter wirkt dabei zunehmend gelöster und scheint sich auf den Tag in der Kita zu freuen. Einige Tage nach dem Gespräch ergibt sich eine Spielsituation, in der Tabea in ein Rollenspiel eingebunden ist. Ein anderes Kind der Spielgruppe fragt die Erzieherin nach bestimmten Verkleidungsmateria-

lien. Diese stattet die Kinder mit den entsprechenden Utensilien aus und nutzt die Gelegenheit, sich in das Rollenspiel einzubringen. Überrascht nimmt sie wahr, wie Tabea sich an ihre Seite gesellt und das Spielangebot aufgreift. Über das Rollenspiel kommen Tabea und die Erzieherin ins Gespräch und deren aufmerksamer Beobachtung entgeht nicht, dass Tabeas Gesichtszüge wesentlich entspannter wirken. Als es Zeit ist, aufzuräumen, bedauert Tabea dies. Sie fragt die Erzieherin, ob sie morgen auch wieder mitspielen wird. Diese drückt Tabea kurz an sich und sagt ihr dabei: „Weißt du, es ist richtig schön mit dir! Mich freut es sehr, dass du in unserer Gruppe bist." Tabea strahlt.

Lösung des Loyalitätskonflikts

Wie vereinbart treffen sich Tabeas Mutter und die Erzieherin nach vier Wochen zu einem weiteren Gespräch. Zuvor konnten sie bereits in mehreren spontanen Gesprächen kurz ihre Erfahrungen austauschen. Heute wirkt Tabeas Mutter wesentlich gelöster als beim ersten Gespräch. Auch sie hat die Veränderungen an ihrer Tochter bemerkt. Als die Fachkraft sie noch einmal darauf anspricht, erzählt Tabeas Mutter, dass sie deren Rat befolgt und Tabea gesagt habe, dass es sie freut, dass sie nun in die Kita geht. Sie sei doch schon groß und da sei es wichtig, mit anderen Kindern zu spielen. Und sie wisse auch, dass sie nette Erzieherinnen habe, die sich gut um sie kümmern würden.
Für Tabea kommt diese Aussage einer Erlaubnis gleich. Sie fühlt sich mit ihrer Mutter sehr stark verbunden. Oftmals übernehmen Kinder dann die Gefühle ihrer Bezugsperson. Es ist die Aufgabe der Eltern, die Kinder sozusagen in die Welt hinauszuschicken, damit sie die notwendigen Erfahrungen machen können.
Bei Tabea vollzieht sich durch das gemeinsame Vorgehen von Mutter und pädagogischer Fachkraft ein großer Wandel. Ihr zurückhaltendes, scheinbar angepasstes Verhalten ist einer fröhlichen und manchmal auch recht lautstarken Ausdrucksweise gewichen. Der traurige Ausdruck ist verschwunden, stattdessen schält sich eine selbstbewusste Persönlichkeit heraus, die mit ihren neu entdeckten sozialen Möglichkeiten experimentiert. Mitunter kommt es jetzt zu Konflikten – auch zwischen den pädagogischen Fachkräften und Tabea. Vor dem Hintergrund ihrer Situation ist das als positive Weiterentwicklung zu sehen, denn das Kind lebt nicht mehr Gefühle, die nicht seine sind. Jetzt kann sich Tabea unbelastet den eigenen Entwicklungsaufgaben widmen, die aktuell in den vielfältigen sozialen Erfahrungsmöglichkeiten der Kita bestehen.

Tian entwickelt sich zum Clown

Tian besucht bereits seit seinem ersten Lebensjahr ein Kinderhaus. Es besteht aus einer Kinderkrippe, dem Kindergarten und einer Mittagsbetreuung für die Schulkinder der nahe gelegenen Grundschule. Viele Kinder verbringen einen beträchtlichen Teil ihrer Kindheit in der Einrichtung und entwickeln dort grundlegende Kompetenzen – so auch Tian. Kurz nach seinem dritten Geburtstag erfolgte der Wechsel von der Krippe in die Kindergartengruppe. Diese besucht er nun seit knapp sechs Monaten. Im Gegensatz zur Krippe arbeitet der Kindergarten mit seinen vier Gruppen nach dem teiloffenen Konzept. Nach dem Ankommen halten sich die Kinder zunächst in der Stammgruppe auf, in der unter anderem täglich ein Morgenkreis durchgeführt wird. Ab 10.30 Uhr können die Kinder verschiedene Möglichkeiten in den Funktionsbereichen nutzen.

Das neue soziale System als Herausforderung

Seit seiner frühesten Kindheit ist Tian daran gewöhnt, täglich viel Zeit zusammen mit anderen Kindern zu verbringen. Im letzten halben Jahr in der Krippe konnte er bereits Freundschaften entwickeln. Regeln in der Gruppe sind nichts Ungewöhnliches für ihn und auch der Beziehungsaufbau zu den wechselnden pädagogischen Fachkräften stellte ihn bisher offenbar nicht vor große Probleme. So wurden auch beim Wechsel in die neue Kindergartengruppe keine Schwierigkeiten erwartet. Selbstverständlich achtete das Team trotzdem auf einen abgestuften Übergang und eine sorgsam begleitete Eingewöhnungszeit.
Aus Sicht der Gruppenerzieherinnen verlief Tians Eingewöhnung eher unauffällig. Er verhielt sich in dieser Phase weitgehend zurückhaltend und still. Den morgendlichen Abschied von der Mutter nahm er klaglos hin. Auf Kontaktversuche der anderen Kinder ging er jedoch kaum ein. In zufälligen Beobachtungen fiel auf, dass

Die Rolle des Clowns scheint für das Kind ein Ausweg aus einem inneren Dilemma zu sein.

Eigentlich hat das Kind Hemmungen, in Kontakt mit anderen zu treten

Tian auch von sich aus keine Versuche unternahm, sich den Kindern der Gruppe zu nähern. Allerdings beobachtete er diese aus der Distanz. In den letzten Wochen bemerkte die Erzieherin die zunehmende Unruhe des Kindes. Tian widmet sich kaum für längere Zeit intensiverem Spiel. Sein Blick schweift unruhig durch den Raum und sein Verhalten ist von spontanen kurzen Aktionen geprägt. Von den Fachkräften wird dies als hektisch und störend erlebt. Bemerkt Tian, dass sein manchmal tollpatschig wirkendes Verhalten von anderen Kindern belacht wird, verstärkt er dieses ohne Rücksicht auf die Situation in der Gruppe. Offenbar spürt er nicht, wenn dabei Grenzen überschritten werden und die anfängliche Komik in übertriebene Gesten mündet. Bei einigen Kindern ruft sein Verhalten Gelächter hervor, andere dagegen wenden sich von ihm ab. Auch im täglichen Morgenkreis oder bei den gezielten Angeboten in den verschiedenen Funktionsbereichen kommt es regelmäßig zu Clownerien. Die Fachkräfte fühlen sich dadurch gestört. Tian lässt zunehmend kaum eine Gelegenheit aus, sich mit vermeintlich lustigen Aktionen zu produzieren und diese bis ins Unerträgliche zu steigern.

Man könnte meinen, dass der Wechsel von der geschlossenen Krippengruppe in den teiloffenen Kindergarten mit seiner breiten Altersstruktur eine starke Überforderung für Tian darstellt. Trotzdem ist der Wechsel notwendig, denn er bietet dem Jungen altersgemäße Herausforderungen. Die Kita hält wie keine andere Institution vielfältige Entwicklungs- und Bildungsmöglichkeiten bereit, besonders dann, wenn diese frühzeitig genutzt werden. Bisher hatte sich Tian in der Einrichtung, speziell der Kinderkrippe, sehr wohl gefühlt. Dazu hat nicht zuletzt seine Familie beigetragen, in der er viel Zuwendung und Wärme erfährt und die ihm dadurch den nötigen Halt und Stabilität gibt – eine wichtige Basis für den Jungen, um sich sicher nach außen zu orientieren. Da die beiden sozialen Systeme Familie und Kinderkrippe sehr eng zusammengearbeitet haben, ergaben sich ideale Voraussetzungen für die Entwicklung des Kindes. Mit dem Übergang in die Kindergartengruppe kommt nun ein anderes soziales System hinzu, das Tian vor neue Herausforderungen stellt.

Tians Kontakte beobachten

Die pädagogischen Fachkräfte des Kindergartens sind sehr bemüht, herauszufinden, was Tian zu diesem clownhaften Verhalten treibt. Die Hypothese, dass er sich „nur" Aufmerksamkeit verschaffen möchte, ist ihnen zu einfach, denn damit werden die wirklichen Bedürfnisse des Kindes nicht erfasst. Ihrer Ansicht nach steckt mehr dahinter. Um dies herauszufinden, möchten sie Tians tatsächliche Kontakte mit anderen Kindern mithilfe eines Kontaktogramms beobachten. Dabei handelt es sich um ein soziometrisches Verfahren, mit dem sowohl verbale als auch nonverbale Kontaktformen (Blickkontakt, Körperkontakt) eines Kindes mit anderen Kindern oder Erwachsenen grafisch dargestellt werden. Das Verfahren gibt Aufschluss darüber, ob und in welcher Form und Ausprägung ein Kind Kontakte herstellt und Kontaktversuche anderer wahrnimmt.

Für Tian werden in verschiedenen Situationen Kontaktogramme erstellt: kurz nach dem Eintreffen im Kindergarten, im Morgenkreis und im freien Spiel in den Funktionsbereichen. Das Ergebnis ist eindeutig: Obwohl Tian mittlerweile viel Aufmerksamkeit beansprucht, gibt es nur wenige längere Interaktionen mit anderen Kindern. Häufig registriert wurden Blickkontakte und gelegentlich Körperkontakte. Andere Kinder spricht er nur sehr selten an.

Ausgleich für mangelndes Selbstwertgefühl

In einigen Fachpublikationen zu Verhaltensauffälligkeiten bei Kindern ist gelegentlich von „Clownerie" die Rede, ohne dass diese Verhaltensweisen näher beschrieben werden. Bei Myschker werden Clownerien als Symptom auffälligen Verhaltens gesehen (vgl. Myschker 1996, S. 44). Tatsächlich ist der Clown eine Figur, die in uns eine alte, verloren gegangene Lust weckt, die Dinge auf den Kopf zu stellen und einmal aus einer anderen Perspektive anzuschauen. So gesehen könnte man Clownerien als Lösungsansatz wahrnehmen, bei dem es dem Kind darum geht, einen kreativen Weg aus einer momentanen Überforderung zu finden. Wenn dieses Verhalten aber zunehmend automatisiert abläuft und das Kind sich dabei isoliert, entwickelt sich ein Muster, mit dem es seiner Sehnsucht nach Austausch und Kontakt zwar ständig nachjagt, diese aber nie wirklich stillen kann.
Bezogen auf die Situation von Tian vermuten die pädagogischen Fachkräfte, dass er stark verunsichert ist und Hemmungen hat, Kontakt zu anderen Kindern aufzunehmen. Gleichzeitig sucht er seinen Platz im Gefüge des Kindergartens und weiß nicht, wie er sich einordnen kann. Die Rolle als Clown erscheint ihm wohl als ein Ausweg aus dem inneren Dilemma. Seinen Platz in der Gruppe kann er jedoch nur über wirkliche Kontakte und Begegnungen mit anderen Kindern verschiedenen Alters finden. Eine wichtige Voraussetzung dafür ist ein ausgeglichenes Selbstwertgefühl, das Tian in Bezug auf die Kinder seiner Gruppe derzeit nicht erleben kann. Das Team sieht es daher als vordergründiges Ziel, den Jungen bei der Entwicklung dieser Kompetenz zu unterstützen.
„Unter Selbstwertgefühl versteht man, wie ein Mensch seine Eigenschaften und Fähigkeiten bewertet. Ein hohes Selbstwertgefühl ist die Voraussetzung für die Entwicklung von Selbstvertrauen" (Bayerisches Staatsministerium für Arbeit und Sozialordnung, Familie und Frauen & Staatsinstitut für Frühpädagogik 2006, S. 55). Die Entwicklung des Gefühls für den eigenen Wert setzt weitere Kompetenzen voraus:

- Positive Selbstkonzepte: das Wissen über mich selbst: Ich bin lern- und leistungsfähig, ich bin fit und attraktiv, werde von anderen gemocht;
- Kompetenzerleben: das Grundbedürfnis, zu erfahren, was ich kann, und dies zu genießen;
- Selbstwirksamkeit: die Überzeugung, schwierige Aufgaben aufgrund meiner eigenen Fähigkeiten bewältigen zu können;
- Selbstregulation: ermöglicht mir, mein eigenes Verhalten zu steuern sowie Ausdauer und Konzentration als wünschenswert zu erfahren (vgl. ebd., S. 56 f.).

Ressourcen gezielt nutzen

Ein wesentlicher Ansatz einer systemisch orientierten Pädagogik besteht darin, an vorhandenen Ressourcen anzuknüpfen. Tians Ressourcen bewusst wahrzunehmen, ist daher der erste Schritt. Gleichzeitig sollen diese dem Jungen widergespiegelt und gezielt in das Gruppengeschehen eingebunden werden. Dadurch sollen ihm zugleich andere Möglichkeiten aufgezeigt werden, um Anerkennung zu bekommen.
Grundsätzlich ist Tian in der Lage, Freundschaften aufzubauen. Das hat er bereits in der Krippe gezeigt. Ebenso kann man sein „Clownspiel" als eine sehr kreative Form von Auseinandersetzung sehen, in der auch individuelle Stärken erkennbar sind.

Grundsätzlich ist Tian in der Lage, Freundschaften aufzubauen.

Eine weitere Ressource liegt darin, dass er sich für andere Kinder interessiert und diese intensiv beobachtet. Diese Fähigkeiten sollen in Zukunft verstärkt beachtet, eingesetzt und dem Jungen deutlich gemacht werden.

Pädagogische Interventionen

Im Kindergarten wird ein Theaterprojekt angeboten. Für das Sommerfest und ein Dorffest soll ein Theaterstück eingeübt werden. Als die Erzieherinnen Tian vorschlagen, eine wichtige Rolle im Stück zu übernehmen, weil er so gut andere nachmachen kann, nimmt er diese voller Freude an.
Im Morgenkreis wird über mehrere Tage das Thema Freundschaft aufgegriffen und es werden verschiedene Aktionen dazu angeboten. Als die Kinder aufgefordert werden mitzuteilen, was sie aneinander schätzen, erfährt Tian, dass viele ihn als lusti-

gen Kameraden erleben, der aber manchmal auch ganz still sein kann. Außerdem finden einige Kinder, dass er auch gut im Turnen ist. Im Rahmen dieser Aktionen werden Spiele zur Unterstützung des Kontaktes angeboten, von denen auch Tian das eine oder andere anleiten darf. Diese Aufgaben bewältigt er für sein Alter recht souverän. Besonders zeigt er seine Fähigkeiten bei Spielen, die eine aufmerksame und genaue Beobachtungsgabe erfordern. Durch diese Maßnahmen wird Tian auch immer wieder mit seinen Fähigkeiten in den Mittelpunkt gestellt.

Seinen Platz in der Gruppe kann Tian nur über wirkliche Kontakte mit anderen Kindern finden.

Nicht übersehen werden darf die nötige Wertschätzung dem Jungen gegenüber, auch wenn sein Verhalten manchmal Grenzen überschreitet und die Fachkräfte in schwierige Situationen bringt. Tians Verhalten ist nicht seine gesamte Person. Nicht Tian ist „schwierig“, sondern bestimmte Verhaltensweisen erschweren das Zusammenleben. Als pädagogische Fachkraft ist man gefordert, diese mit professioneller Distanz zu sehen und deren Signalcharakter zu erkennen: „Die Kindertageseinrichtung trägt in hohem Maße dazu bei, dass sich Kinder für wertvoll halten und mit sich selbst zufrieden sind. Das Selbstwertgefühl ist insbesondere durch die nicht an Bedingungen geknüpfte Wertschätzung und Bestätigung seitens der erwachsenen Bezugspersonen sowie durch das respektvolle und freundliche Verhalten der anderen Kinder zu stärken. Den Kindern sind ausreichend Gelegenheiten anzubieten, die es ihnen ermöglichen, stolz auf ihre eigenen Leistungen und Fähigkeiten, ihre Kultur und Herkunft zu sein“ (ebd., S. 55 f.).

Neugier und Interesse

Die verschiedenen Interventionen verbunden mit der Wertschätzung und Reflexion seiner Verhaltensweisen und Erfolge entfalten schon bald ihre Wirkung bei Tian. Andere Kinder und die pädagogischen Fachkräfte beschäftigen sich auf vielfältige Weise mit ihm und zeigen ihm damit, wie er sich einbringen kann. Das Theaterspiel macht dem Jungen viel Freude und Kontakte, die er in der Projektgruppe knüpft, werden auch außerhalb dieser Zeit fortgeführt. Häufig ist Tian nun mit Spielpartnern anzutreffen. Den Clown mimt er immer noch gerne, doch das Zwanghafte darin ist verschwunden und seine Späße bringen auch die Erzieherinnen immer wieder zum Lachen. Seitdem der innere Druck weg ist, kann sich Tian nun auch neuen Erfahrungen zuwenden. Seine Neugier und seine Interessen sind seit einigen Wochen sehr vielfältig geworden und er beschäftigt sich intensiver und ernsthafter mit den Dingen, die ihn interessieren.

Lars zeigt an nichts Interesse

Lars ist noch nicht ganz drei Jahre alt, als er in eine altersgemischte Gruppe einer Kita kommt. Bei der Anmeldung und dem anschließenden Besuch in der Kindergruppe erlebten die pädagogischen Fachkräfte Lars als sehr ruhiges und zurückhaltendes Kind.
In der Eingewöhnungszeit fiel diese Zurückhaltung noch stärker auf. Sein Nichtagieren und seine Teilnahmslosigkeit, auch in möglichen Stresssituationen, erregten die Aufmerksamkeit der Bezugserzieherin. Seitdem beobachtete sie Lars sehr aufmerksam und blieb mit ihren Kolleginnen und Lars' Mutter im Gespräch. Sie konnte wahrnehmen, dass Lars kaum Emotionen zeigt, auch wenn die Mutter den Raum verlässt oder geht. Andere Kinder zeigen in dieser Stresssituation Enttäuschung, Trauer oder Wut durch starke Gefühlsausbrüche. Meistens suchen sie Trost bei ihrer Bezugserzieherin und lassen sich nach einiger Zeit beruhigen. Das Interesse des Kindes kann dann auf eine bestimmte Handlung gelenkt werden. Die Bindungsforscherin Mary Ainsworth spricht bei solchem Verhalten von „sicher gebundenen Kindern“.

Der familiäre Kontext

Während der Eingewöhnung wurde Lars ausschließlich von seiner Mutter begleitet. Diese ist noch sehr jung und alleinerziehend, Lars ist ihr einziges Kind. Die kleine Familie ist erst vor wenigen Wochen zugezogen, da die Mutter hier eine passende Arbeitsstelle gefunden hat. Sie ist noch sehr isoliert, weitere Verwandte leben weit entfernt. Bereits bei den ersten Gesprächen zeigte sich, dass Lars' Mutter anscheinend großes Vertrauen zu der wesentlich älteren Erzieherin hat. Ihr konnte sie berichten, wie schwer es für sie ist, am neuen Wohnort Kontakte zu knüpfen. Der Vater des Kindes hat sich ihrer Aussage nach vollständig zurückgezogen, bezahlt jedoch die Unterhaltskosten. Zu den eigenen Eltern war die Beziehung schon immer distanziert, auch jetzt interessieren sie sich nur wenig für ihr Leben und das Enkelkind.

Ein unsicher gebundenes Kind

Nach den Kategorien von Mary Ainsworth zeigt Lars ein unsicher-vermeidendes Bindungsverhalten. Obwohl sich Kinder in diesem Fall in einer

Die Kita ermöglicht neue Bindungserfahrungen

erhöhten Stresssituation befinden, reagieren sie kaum auf die Trennung, hier von der Mutter. Manchmal werden solche Kinder zu wenig wahrgenommen oder gelten als unkompliziert. „Dies bedeutet aber nicht, dass diese Kinder weniger Stress empfinden – manchmal empfinden unsicher gebundene Kinder sogar einen deutlich höheren Stresslevel, sie zeigen es eben nur nicht nach außen“ (Bayerisches Staatsministerium für Arbeit und Sozialordnung, Familie und Frauen & Staatsinstitut für Frühpädagogik 2010, S. 45).

Auch im weiteren Verlauf entwickelt Lars kaum Explorationsverhalten. Laut der Bindungstheorie von John Bowlby (1969) sind Kinder sowohl mit einem Bindungsverhaltenssystem als auch mit einem Explorationsverhaltenssystem ausgestattet. Von Anfang an bestimmen diese beiden genetisch angelegten Systeme das Verhalten des Kindes. „Während das Bindungsverhalten dazu dient, die Nähe zur Bindungsperson aufrechtzuerhalten oder wiederzugewinnen, um dort Schutz zu finden, ermöglicht das Explorationsverhalten die Erkundung der Umwelt und ist damit die Grundlage allen Lernens“ (ebd., S. 40). Durch seine Zurückhaltung scheint Lars für die anderen Kinder wenig Attraktivität auszustrahlen. Sie beachten ihn kaum, gelegentliche zufällige Aktionen verlaufen im Nichts. Die Erzieherin beobachtet auch, dass Lars in solchen zufälligen oder gelenkten Spielsituationen kaum Reaktionen zeigt und wenig von sich aus agiert. So bieten sich für ihn nur wenig Möglichkeiten, in der Interaktion mit anderen Kindern wichtige Erfahrungen zu sammeln. Die unverarbeitete Trennung von seiner Mutter, vielleicht auch vom Vater, gibt ihm nicht das Gefühl, dieses Problem aufgrund eigener Kompetenzen bewältigen zu können. Somit entwickelt er auch kaum Selbstwirksamkeit, die vor allem durch positive Erfahrungen gebildet wird. „Ein selbstwirksames Kind ist zuversichtlich und voller Selbstvertrauen. Es ist der Überzeugung, dass es schaffen wird, was es sich vorgenommen hat, auch wenn es schwierig erscheint“ (Bayerisches Staatsministerium für Arbeit und Sozialordnung, Familie und Frauen & Staatsinstitut für Frühpädagogik 2006, S. 57).

Pädagogische Ziele

Ausgehend von den bisherigen Beobachtungen und auf der Grundlage ihres bindungstheoretischen Fachwissens entwickelt die Erzieherin in Absprache mit ihren Kolleginnen pädagogische Ziele für die weitere Arbeit mit dem Jungen:

- Lars wird dazu angeregt, sich wahrzunehmen und seine Gefühle zu äußern.
- Ihm wird ausreichend Gelegenheit gegeben, Nähe und Geborgenheit zu genießen.
- Gleichzeitig soll er seine Kompetenzen im Spiel mit anderen Kindern erleben und sich dadurch interessant für andere fühlen.

Die pädagogische Fachkraft erhofft sich, dass Lars dadurch seiner Entwicklungsaufgabe aus eigener Kraft mit Neugier und Freude nachkommen kann.

Zusammenarbeit mit der Mutter

Die Voraussetzungen für die Zusammenarbeit mit Lars’ Mutter sind gut. Die junge Frau profitiert von dem Erfahrungsreichtum und der Fachkompetenz der Erzieherin, die sie als Vorbild erlebt, an dem sie sich orientieren kann und von dem sie nicht abgewertet wird. Andererseits macht die Fachkraft deutlich, dass sie auf die Kompetenz der Mutter für ihr Kind angewiesen ist. Eine gemeinsame Vorgehensweise ist eine optimale Voraussetzung, um Lars bei der Bewältigung dieser Lebenssituation zu unterstützen.

Der Junge spürt genau, wenn Mutter und pädagogische Fachkraft sich verstehen und einig sind. Konkurrenzsituationen würden ihn vermutlich in Loyalitätskonflikte stürzen und an weiteren Lernerfahrungen hindern, da er in diesem Fall unbewusst damit beschäftigt wäre, die Balance der Beziehung zwischen Mutter und Erzieherin zu halten.
Im Gespräch hat die Mutter Gelegenheit, über ihre Erfahrungen mit Lars in der neuen Lebenssituation zu sprechen. Gleichzeitig unterstützt die pädagogische Fachkraft sie durch ihre Bestätigung und Wertschätzung als Mutter. Dadurch kann die Mutter auch unbelastet Anregungen von ihr annehmen.
Die Erzieherin hält einen Zusammenhang zwischen Lars' Rückzug und der isolierten Lebenssituation der kleinen Familie für möglich. Sie nimmt an, dass Lars sich in der Kita sicherer fühlen könnte, wenn auch die Mutter sich für neue Kontakte öffnen würde. So schlägt sie ihr vor, mit Lars nach draußen zu gehen und Situationen aufzusuchen, in denen er so oft wie möglich Kontakte zu anderen Kindern aufbauen kann und sie selbst vielleicht ins Gespräch mit anderen Eltern kommt. Ein Spielplatz im Wohngebiet bietet sich dazu an. Auch im Eltern-Café der Kita hat die Mutter Gelegenheit zur Kontaktaufnahme. Eine weitere Idee ist, zu recherchieren, welche Möglichkeiten vor Ort für junge Familien oder Alleinerziehende existieren.

Die Erzieherin vermutet einen Zusammenhang mit der isolierten Lebenssituation der Familie.

Im weiteren Gespräch zeigt die Erzieherin der Mutter ihre Beobachtungsergebnisse und stellt ihre Überlegungen und Ziele dar. Gemeinsam tauschen sie sich darüber aus, wie sich die Ziele im jeweiligen Umfeld umsetzen lassen.

Feinfühliges Antwortverhalten

Positive Bindungen sind entscheidend geprägt von der Feinfühligkeit der erwachsenen Bezugspersonen. Dabei geht es hauptsächlich darum, die Signale des Kindes wahrzunehmen und angemessen darauf zu reagieren. Für die Begleitung von Lars bedeutet das, auch scheinbar unbedeutende Signale – zum Beispiel, wenn er sich mehr zurückzieht – wahrzunehmen. Gerade in solchen Situationen braucht er die prompte Zuwendung und Aufmerksamkeit der anwesenden Bezugsperson. Durch die sprachliche Begleitung, bei der mögliche Gefühle des Kindes verbalisiert und dafür Verständnis und Trost zugesprochen werden, erfährt Lars etwas über sich. Gleichzeitig wird er darin unterstützt, diesen Gefühlen Ausdruck zu verleihen. Dabei fällt der Fachkraft auf, dass Lars beginnt, mit der Hand auf den Boden zu klatschen. Diese Reaktion verstärkt die Erzieherin, indem sie es ihm nachmacht und dabei mögliche Gefühle von Trauer und Enttäuschung äußert. Irgendwann ist es dann für Lars wieder gut. Sein Blick schweift jetzt schon viel wacher und interessierter im Raum umher. Nach einigen Tagen hört sie Lars in einer Konfliktsituation zum ersten Mal ganz leise weinen. Kommentarlos nimmt sie den Jungen in den Arm und lässt ihn seine Gefühle ausdrücken.
Deutlich wird, dass Kinder von zusätzlichen Bindungserfahrungen, zum Beispiel mit der pädagogischen Fachkraft, sehr profitieren können und diese eine Ressource darstellen (vgl. Ahnert 2010), die wiederum die Resilienz des Kindes stärkt (vgl. Wustmann 2004). Für die Fachkraft ist jedoch klar, dass die primäre Bezugsperson die Mutter bleibt und diese in der Beziehung zu ihrem Kind gestärkt werden sollte.

Die Selbstwahrnehmung stärken

Lars scheint in der derzeitigen Situation kaum in der Lage zu sein, die anstehende Entwicklungsaufgabe allein zu bewältigen. Deshalb entschließt sich die Erzieherin, die Wahrnehmung des Jungen für sich selbst zu fördern. Aus systemischer Sicht ist es sinnvoll, einen ganzheitlichen Ansatz zur Entwicklungsförderung bei Kindern anzustreben.
Unsere Wahrnehmung besteht nicht nur aus der Aufnahme von Sinnesreizen, sondern wird auch von Vorstellungen, Erfahrungen, Erinnerungen und emotionalen sowie sozialen Faktoren geprägt. Wahrnehmungsprozesse sind eng verbunden mit der Entwicklung der Sprache, der Emotionen, der Motorik und des Denkens. Das Denken und die Wahrnehmung sind als kontinuierlich ineinander übergehende Akte anzusehen (vgl. Nickel 1977, S. 24).
Mit Lars und einigen anderen Kindern werden daher spezielle Übungen durchgeführt, die die körperlichen Empfindungen stimulieren. Diese Maßnahme stellt keine Therapie dar, sondern es werden die üblichen Möglichkeiten der Einrichtung genutzt wie beispielsweise das Bällebad, in dem Lars verschiedene Anregungen auf der Haut

wahrnimmt: durch Massagen mit Fellen, Noppenball, weichen Bürsten u. Ä. Durch das Feedback der Erzieherin und die sprachliche Begleitung erleben die Kinder und vor allem Lars, dass ihre Befindlichkeiten wahrgenommen und verstanden werden. Darüber hinaus fordert die pädagogische Fachkraft die Kinder auf, eigene Bedürfnisse zu äußern und Wünsche einzubringen. So erleben sie Selbstwirksamkeit, was wiederum zu einem positiven Selbstkonzept beiträgt.
Mit Lars' Mutter tauscht sich die Fachkraft regelmäßig aus, berichtet von seinen Reaktionen und gibt ihr Anregungen, wie sie seine Empfindungsfähigkeit unterstützen kann. Dies geschieht zum Beispiel auf dem Spielplatz, wo sie gemeinsam im Sand buddeln und sich ihre Freude darüber mitteilen, wenn sich ihre Hände beim Tunnelgraben unter einem Sandberg begegnen.

Entwicklung in der Gruppe
Mittlerweile wirkt Lars wacher und aufmerksamer. Die scheinbare Teilnahmslosigkeit weicht zunehmend und der Junge zeigt deutliche Reaktionen. Interesse wird vor allem sichtbar, wenn er den begleitenden Äußerungen der Erzieherin folgt („Das ist jetzt aber ein schönes weiches Fell, das fühlt sich bestimmt ganz gut an!"). In Konfliktsituationen sucht er vermehrt Trost und Geborgenheit bei seiner Bezugserzieherin. Auch die anderen Kinder scheinen Lars jetzt als Spielpartner attraktiver zu finden. Ein Kind, das reagiert, auch mal streitet und sich auseinandersetzt, stellt ein spürbares Gegenüber für andere Kinder dar.

Fazit
Voraussetzung für eine positive kindliche Entwicklung sind positive Bindungserfahrungen. Manchmal brauchen Eltern dabei die Unterstützung von verständnisvollen Fachkräften. Es wird nicht nur ein Kind geboren, sondern auch eine Mutter und ein Vater. In diese Rolle muss man sich erst einmal hineinfinden und es ist durchaus normal, wenn bei Eltern Unsicherheiten bestehen. Durch die partnerschaftliche Zusammenarbeit mit den Eltern und die feinfühlige Begleitung des Kindes werden wesentliche Impulse gesetzt, die es diesem ermöglichen, sich und andere besser wahrzunehmen und die eigenen Bedürfnisse zu äußern.

Svea zerstört jede Freundschaft

Svea ist 5,5 Jahre alt und besucht seit eineinhalb Jahren eine integrative Kindertagesstätte. Mit Sorge schauen die pädagogischen Fachkräfte auf den bevorstehenden Übergang in die Grundschule, denn Svea zeigt ein überaus schwieriges Sozialverhalten, besonders im Umgang mit anderen Kindern. Gleichzeitig wirkt sie sehr verletzlich und weist nur eine geringe Resilienz auf. Diese ist aber Voraussetzung dafür, Veränderungen wie zum Beispiel Übergänge erfolgreich zu bewältigen und Belastungen gut zu überstehen.
Svea ist ein hübsches Mädchen, doch Freunde konnte sie bisher nicht finden. Denn kaum finden intensivere Begegnungen statt, zerstört sie jede aufkeimende Freundschaft mit verletzenden Bemerkungen bis hin zu wilden Beschimpfungen. Die meisten Kinder rücken nach solchen verbalen Attacken wieder von ihr ab. Darunter wiederum leidet sie, reagiert mit Rückzug und stummer Verweigerung gegenüber den Versuchen der Fachkräfte, diese Konflikte zu bereinigen und zu einem neuen Anfang zu finden. Alles scheint an ihr abzuperlen, Gefühlsregungen sind dann kaum wahrzunehmen. Nach ihren heftigen Gefühlsausbrüchen steht man von einem Moment auf den anderen einem scheinbar unbeteiligten und unnahbaren Mädchen gegenüber.

Familiärer Kontext und Beziehung zur Mutter
Svea wächst bei ihrer getrennt lebenden Mutter und dem jüngeren Bruder auf. Der Vater wohnt im selben Ort, ist aber nicht in der Lage, die Familie finanziell und emotional zu unterstützen. Die Mutter hat die Kinder sehr früh bekommen und wirkt sehr instabil und wechselhaft in ihrer Verantwortungsbereitschaft ihnen gegenüber. Es kann vorkommen, dass sie es versäumt, ihre Kinder rechtzeitig von der Kita abzuholen. In diesen Fällen springen häufig Sveas Großeltern mütterlicherseits ein, bei denen die Kinder auch immer wieder längere Zeit verbringen. Sie wohnen ebenfalls im selben Ort und scheinen der stabilste Bezugspunkt in Sveas Leben zu sein.

Bei der Entwicklung von Resilienz braucht jedes Kind individuelle Begleitung.

Das Kita-Team kann über die Beziehung zwischen Mutter und Tochter lediglich aus eigenen Beobachtungen Rückschlüsse ziehen, denn beide äußern sich nicht dazu. Zu einigen Elterngesprächen erschien die Mutter, andere ließ sie kommentarlos ausfallen. Den Erzieherinnen gegenüber ist sie freundlich, aber auch sehr distanziert. Für die pädagogischen Fachkräfte gestalten sich solche Gespräche sehr schwierig, da die Mutter keine Themen einbringt oder erkennbare Regungen zeigt. An manchen Tagen wirkt sie innerlich abwesend. Sie ist dann kaum in der Lage, die Bedürfnisse ihrer Tochter zu erkennen und angemessen darauf einzugehen. Gerade in solchen Situationen wirkt Svea wie die Ältere der beiden und verrichtet stumm die anstehende Tätigkeit. Emotional zeigt sich das Kind dabei sehr distanziert und abweisend. Den Fachkräften fällt auf, dass ihre Mimik in diesen Situationen starr und unbeweglich ist. An Tagen, an denen die Mutter Situationen zu überblicken scheint und auf Svea eingeht, stellt das Mädchen oft maßlose Forderungen an sie, wirkt anmaßend, gebieterisch und voller Widerstand. Dabei zeigt Svea heftige Gefühle von Wut und Trotz gegenüber den Handlungen ihrer Mutter.

Beziehungen zu den pädagogischen Fachkräften

In einer Teambesprechung tauschen sich die pädagogischen Fachkräfte über ihre Beobachtungen und Wahrnehmungen bezüglich Svea aus. Die meisten berichten, dass es ihnen schwerfällt, mit dem Mädchen in näheren Kontakt zu kommen. Svea wirkt auf sie unnahbar und zeigt nur wenig emotionale Regungen. In der Reflexion wird deutlich, dass dies für die Fachkräfte schwer einzuordnen ist und sie dadurch auf Svea zurückhaltender reagieren. Eine Erzieherin hat etwas intensiveren Kontakt zu dem Mädchen und zeigt viel Empathie gegenüber Svea und ihrer Mutter. Sie begleitet auch die Elterngespräche und ist mit der Großmutter in Kontakt.

Die heftigen Gefühlsausbrüche verhindern Freundschaften

Gezielte Beobachtungen mit dem Beobachtungsinstrument „PERiK" (Positive Entwicklung und Resilienz im Kindergartenalltag) zeigen, dass Svea in vier von sechs untersuchten Basiskompetenzen – nämlich Kontaktfähigkeit, Selbststeuerung und Rücksichtnahme, Stressregulierung sowie Explorationsfreude – im Vergleich zu ihrer Altersgruppe eher im unteren Bereich (bis 25 %) einzuordnen ist. In den zwei anderen Basiskompetenzen – Selbstbehauptung und Aufgabenorientierung – bewegt sie sich im durchschnittlichen Bereich.

Störung des Selbstkonzepts?

Da der Träger der Einrichtung im Rahmen der Integrationsarbeit auch stundenweise eine Psychologin beschäftigt, kann diese zu einer Fallbesprechung hinzugezogen werden und das Team zunächst über mögliche Hintergründe aufklären. Sveas Verhaltensweisen erinnern teilweise an die schwarz-weiße Welt der Borderline-Persönlichkeit. Dabei handelt es sich um eine „schwere Störung des Selbstkonzepts" (Myschker 1996, S. 371), die gekennzeichnet ist von Merkmalen wie „Impulsivität, stürmische Beziehungen, Identitätsverwirrung, Stimmungsinstabilität" (Kreismann & Straus 1999, S. 34). Allerdings wird diese Diagnose bei Kindern in der Regel noch nicht gestellt und von Experten lediglich eine Tendenz ausgemacht. So werden „Borderline-Persönlichkeitsstörungen häufiger unter Jugendlichen und jungen Erwachsenen als in anderen Altersgruppen diagnostiziert" (ebd.).

Die Fachwelt ist sich jedoch weitgehend einig, „dass das Symptom aus einer frühen und tiefgreifenden Störung der Mutter-Kind-Beziehung entsteht“ (Myschker 1996, S. 372).

Gezielte Vorgehensweise

Ein frühzeitiges pädagogisches Einwirken bei Kindern, die ein solches Verhalten zeigen, ist durchaus erfolgversprechend. Die günstigste Voraussetzung besteht, wenn alle Beteiligten intensiv und selbstreflektiert zusammenarbeiten und gemeinsame Ziele verfolgen. Auch eine Unterstützung durch andere Fachkompetenzen muss in Erwägung gezogen werden. In Anbetracht der bevorstehenden Einschulung und der eingeschränkten Möglichkeiten einer Kita sollen vor allem drei Maßnahmen umgesetzt werden:

- Förderung von Sveas Resilienz
- Stärkung der Elternarbeit
- Zusammenarbeit mit der Familienberatung

Förderung der Resilienz

Resilienz ist kein angeborenes Persönlichkeitsmerkmal, sondern ein dynamischer Entwicklungsprozess und kann in wechselseitiger Auseinandersetzung mit der Umwelt erworben werden (vgl. Wustmann 2007, S. 125). Für die Entwicklung der eigenen Widerstandsfähigkeit braucht jedes Kind daher individuelle Begleitung. Im Hinblick auf Svea bedeutet dies vor allem, tragfähige Beziehungen außerhalb der Familie zu stärken sowie Erfahrungen mit klaren Strukturen und eindeutigem Feedback zu ermöglichen. Entsprechend vereinbart das Team mit Unterstützung der Psychologin eindeutige Handlungsstrategien, die von allen getragen werden:

- Klare Positionen von Erwachsenen und Kindern im System: Von Svea wird gefordert, dass sie sich als Kind in die Gruppe einfügt.
- Widerspiegeln: Konfliktsituationen mit anderen Kindern werden klar widergespiegelt.
- Erkennen: Svea wird dabei unterstützt, ihre wirklichen Bedürfnisse (zum Beispiel nach echter Nähe und Zuneigung) wahrzunehmen.
- Bedürfniserfüllung: Die Fachkräfte zeigen Bereitschaft, diesen grundlegenden Bedürfnissen nachzugeben.
- Bestärkung: Sozial konstruktives Verhalten des Mädchens wird gesehen und bestärkt.

Stärkung der Elternarbeit

Die Zusammenarbeit mit der Mutter und den Großeltern erfordert viel Verständnis für die Situation, eine hohe Empathie den Beteiligten gegenüber, aber auch klare Abgrenzung in Bezug auf die eigenen Möglichkeiten und Grenzen. Deshalb vereinbaren die Fachkräfte, dass ausschließlich die Gruppenleitung, die auch bisher eine hohe Sensibilität für die Situation gezeigt hat, regelmäßig Gespräche mit der Mutter führt. Diese Gespräche werden von der Psychologin supervidiert. Wichtig dabei ist, die Mutter als erste Bezugsperson von Svea anzuerkennen. Sollten Gespräche mit den Großeltern stattfinden, wird zuvor das Einverständnis der Mutter eingeholt. Es können auch gemeinsame Termine vereinbart werden. Ziel ist es, den familiären Bezugspersonen Sveas Situation nahezubringen und zu einer gemeinsamen Vorgehensweise zu kommen. Außerdem soll die Mutter ermutigt werden, die Unterstützung der Familienberatungsstelle in Anspruch zu nehmen.

Zusammenarbeit mit der Familienberatung

Verstärkt soll die örtliche Familienberatungsstelle eingebunden werden. Sveas Mutter wird damit die Gelegenheit gegeben, in einem persönlichen Rahmen außerhalb der Kita ihre Situation aufzuarbeiten. Diese Möglichkeit wird dadurch erleichtert, dass eine Mitarbeiterin der Beratungsstelle einmal monatlich Gesprächstermine für Eltern in der Kita anbietet. Der Erstkontakt kann somit in der Kita erfolgen. Weitere Gespräche sollten dann in den Räumen der Familienberatungsstelle stattfinden.

Manche Situationen mit Kindern erfordern eine interdisziplinäre Zusammenarbeit.

Wirkung der Maßnahmen

Nach etwa vier Monaten trifft sich das Team mit der Psychologin, um sich erneut über Sveas Entwicklung auszutauschen. Mittlerweile hat sich der Umgang mit Svea eingespielt und die beschriebenen Vorgehensweisen können zunehmend besser umgesetzt werden. Erste Wirkungen zeigen sich. Svea scheint sich ihrer Anteile an den Konflikten bewusster zu werden. In vertrauten Situationen gelingt es ihr manchmal, kindgerechte emotionale Regungen zu zeigen. Die zugewandte und gleichzeitig klare Haltung der pädagogischen Fachkräfte scheint ihr gut zu tun; sie erfährt dadurch die nötige Sicherheit und Stabilität.

Die Zusammenarbeit mit der Mutter verlangt von der gesprächsführenden Fachkraft viel Geduld. Durch wiederholte Versuche ließ sich die Mutter nach anfänglichem Zögern auf beratende Gespräche über erzieherische Fragen ein. Dabei half ihr offenbar, dass sie von der Erzieherin als „erste Instanz" in Bezug auf ihre Tochter bestärkt wurde. Die Fachkraft achtete darauf, jeglichen Druck zu vermeiden, da dies vermutlich den erneuten Rückzug der Mutter zur Folge gehabt hätte. Vielversprechend war hingegen der Ansatz, Sveas Mutter einzuladen, mit einem ersten Gespräch mit der Mitarbeiterin der Familienberatungsstelle neue Erfahrungen zu machen und selbst zu entscheiden, was sie zulassen möchte und was nicht.

Trotz der schwierigen Situation setzt die Kita auf Kooperation mit Sveas Mutter.

Auch in der insgesamt schwierigen Situation wird in der Kita auf eine partnerschaftliche Zusammenarbeit mit Sveas Mutter gesetzt. Ihre Kompetenz als Mutter wird anerkannt und es werden Möglichkeiten gefunden, erzieherisch schwierige Situationen miteinander zu besprechen und zu guten Lösungen zu kommen. Gelegentlich werden die Großeltern in Gespräche miteinbezogen, dabei geht es vorwiegend um eine abgestimmte erzieherische Linie.

Nach den Sommerferien wird Svea die erste Klasse der örtlichen Grundschule besuchen. Mit kindlicher Freude nimmt sie am Programm für die einzuschulenden Kinder teil. Bei einem ersten Schulbesuch wird eine wichtige Ressource deutlich: In der neuen Umgebung zeigt Svea sich aufgeschlossen und sehr interessiert allem Neuen gegenüber. Die Tendenz, sich anderen Kindern gegenüber zu isolieren, ist eher einer vorsichtigen Zurückhaltung gewichen. Manche Auseinandersetzungen mit Svea waren hart und schmerzlich, doch wenn sie nach einer Konfrontation ihre wirklichen Gefühle spürt und ausdrücken darf, ist sie bereit, sich für Beziehungsangebote zu öffnen. Nicht mehr jede Spielsituation endet im Streit, oder es gelingt mit Hilfestellung durch die Fachkraft, die Spielsituation neu aufzunehmen und es noch einmal miteinander zu versuchen.

Fazit

Für Svea ist es wichtig, mit der Realität konfrontiert zu werden und eine warme, aber auch klare gemeinsame Linie aller Bezugspersonen zu erleben. Erst dadurch erkennt sie ihre wirklichen Bedürfnisse und kann ihre Gefühle wahrnehmen und ausdrücken.

Manche Situationen mit Kindern lassen sich nicht allein mit pädagogischen Mitteln bewerkstelligen. Eine professionelle Begleitung wie bei Svea erfordert die Einbindung aller Beteiligten und eine Form von interdisziplinärer Zusammenarbeit – in diesem Fall mit der Psychologin als beratender Begleitung und der Familienberatungsstelle als weiterer Instanz.

Auffälliges Verhalten bei unter Dreijährigen

Bereits Kleinstkinder können schwerwiegende und anhaltende Verhaltensauffälligkeiten mit Beeinträchtigung der seelischen Entwicklung ausbilden. Eine Untersuchung zeigte, dass 14 bis 25 Prozent der unter Dreijährigen klinisch relevante psychische Störungen aufweisen, 9 bis 12 Prozent haben sogar schwere Störungen mit erheblicher Beeinträchtigung. Aber nur 11 bis 25 Prozent der Kleinstkinder mit Verhaltensstörungen werden tatsächlich vorgestellt (vgl. Wiefel et al. 2007, S. 60 f.).

Bei Kindern unter drei Jahren sind Auffälligkeiten im Verhalten jedoch nur schwer zu diagnostizieren. Das hat mehrere Gründe:

1. Die Kinder können sich sprachlich noch nicht ausreichend ausdrücken.
2. Verhaltensweisen unterliegen dem jeweiligen Entwicklungsstand, der sich sehr schnell verändert.
3. Die Beobachtung von Verhaltensweisen im Spiel lässt einen großen Interpretationsspielraum.
4. Säuglinge und Kleinkinder sind stärker von Beziehungen geprägt als von eigenständigen Charakterzügen.

Sprachlicher Ausdruck

Die wesentlichen psychiatrischen Methoden in diesem Bereich beschränken sich auf sprachgebundene Verfahren. Daher ist die Diagnostik auf die Beobachtung nonverbaler Verhaltensweisen des Säuglings (0–12 Monate) bzw. des Kleinkinds (13–36 Monate) und auf Berichte von Eltern, pädagogischen Fachkräften usw. angewiesen. Im Rahmen der Säuglings- und Kleinkindforschung wurden aber Beobachtungsinstrumente (z. B. die Entwicklungstabelle nach Beller) entwickelt, die Rückschlüsse aus den beobachteten Verhaltensweisen auf verschiedene Entwicklungsbereiche ermöglichen. Beobachtungen und Berichte sind ein wichtiger diagnostischer Fundus, aber auch eine Unschärfequelle, da sich oft sehr unterschiedliche Aussagen zu den gleichen geschilderten Situationen ergeben. Damit mögliche subjektive Aspekte kompensiert werden können, sind kompetente und erfahrene Diagnostiker wichtig, die den Umgang mit den Diagnose-Instrumenten sicher beherrschen.

Die starke Zurückhaltung eines Kindes wahrnehmen und hinterfragen

Entwicklungsstand

Die Entwicklung in den ersten Lebensjahren erfolgt meist sprunghaft und das Verhalten des Kindes als individuelle Ausdrucksform ist davon stark geprägt. Der markanteste Unterschied besteht zwischen Kindern im ersten Lebensjahr (Säugling) und den folgenden Jahren (Kleinkind). Die Einschätzung, ob Verhaltensweisen im Sinne einer seelischen Beeinträchtigung als auffällig einzustufen sind, setzt gute Kenntnisse der normalen Entwicklung und deren Variationsbreite voraus. Wutanfälle sind beispielsweise um das zweite Lebensjahr herum typisch und wichtig für die Autonomieentwicklung. Um beurteilen zu können, ob es sich um eine Verhaltensauffälligkeit handelt, muss die Dauer, Häufigkeit, Intensität und Qualität des Verhaltens im alterstypischen Vergleich betrachtet werden. Es macht zum Beispiel auch einen Unterschied, ob ein Trauma vor oder nach dem 18. Lebensmonat erfahren wird, denn zu diesem Zeitpunkt setzt die Fähigkeit zur Symbolbildung ein und führt zu unterschiedlichen Verarbeitungsmustern. Erst ab dem 18. Lebensmonat etwa können Kleinkinder ihr Spiel auch symbolisch einsetzen, zum Beispiel zur Bewältigung ungelöster innerer Konflikte.

Beobachtung

Für die Beobachtung von Verhalten bieten sich Spielsequenzen sowie Interaktionsdyaden an. Beobachtungen des kindlichen Spiels erfordern eine hohe fachliche Kompetenz. Um zu möglichst objektiven Beobachtungsergebnissen zu kommen, ist eine wertfreie und distanzierte Haltung zum Spielgeschehen nötig. Die beobachtende Person muss zudem in der Lage sein, die eigene Wechselbeziehung mit dem Kind und die Möglichkeit persönlicher Übertragungen zu reflektieren. Erst vor diesem Hintergrund lässt sich das Spiel des Kindes vorsichtig interpretieren.

Eine weitere diagnostische Möglichkeit ist die Beobachtung der Interaktionsqualität zwischen dem Kind und seiner primären Bezugsperson. Dazu stehen verschiedene Instrumente zur Verfügung, die am Konzept der Bindungstheorie orientiert sind. Zum Beispiel der „CARE-Index" für die Altersgruppe 0 bis 2,5 Jahre oder die „Mannheimer Beurteilungsskala zur Erfassung der Mutter-Kind-Interaktion im Säuglingsalter". Der von Mary Ainsworth entwickelte „Fremde-Situation-Test" ist für Kleinkinder ab einem Alter von 12 Monaten einsetzbar und erlaubt aufgrund der Verhaltensbeobachtung eine Klassifikation der Bindungsqualität. Diese Instrumente sind ausschließlich Kinderpsychologen und -psychiatern vorbehalten. Für pädagogische Fachkräfte ist es im Rahmen ihrer Beratungskompetenz wichtig, diese Methoden zu kennen.

Beziehungen
„Die Qualität der Beziehung zu der primären Bezugsperson ist der wichtigste Umgebungsfaktor. Er ist unter anderem determiniert von Einstellungen und Erfahrungen der Eltern, die schon lange vor der Geburt existieren" (Wiefel et al. 2007, S. 60). Von dieser Beziehung ist das kleine Kind abhängig, denn sie beruht nicht auf einer gleichberechtigten Basis und die Einflussmöglichkeiten des Kindes sind weitaus geringer als die seiner Mutter bzw. seines Vaters. Zudem wird sein Verhalten stark von den Erwartungen und Vorstellungen seiner Bezugspersonen geprägt und auch auf deren Hintergrund interpretiert. Diese systemisch orientierte Sichtweise verdeutlicht, dass die Eltern und ihre Beziehung zum Kind in die Diagnostik von Verhaltensauffälligkeiten eingebunden werden müssen, um zu ausreichenden Erklärungen über das Verhalten des Kindes zu gelangen.

Bei Kleinstkindern sind Verhaltensauffälligkeiten nur schwer zu diagnostizieren.

Symptomatik
Um auffälliges Verhalten bei Kindern unter drei Jahren besser einordnen zu können, wurde das diagnostische Instrument „DC: 0–3R" eingeführt. Es soll die bestehenden Klassifikationssysteme DSM-IV und ICD–10 ergänzen.
Es listet im Wesentlichen folgende mögliche Ausdrucksformen auf:

- posttraumatische Stressstörung
- Bindungsstörung bei Deprivation
- Affektstörungen/emotionale Störungen
- verlängerte Trauerreaktion
- Angststörungen des Säuglings- und Kleinkindalters
- Trennungsangststörung
- spezifische Phobie
- Störung mit sozialer Ängstlichkeit
- Angststörungen
- Depression des Säuglings- und Kleinkindalters
- gemischte Störung des emotionalen Ausdrucks
- Anpassungsstörung
- Regulationsstörungen/Störungen der sensitiven Integration
- Regulationsstörung hypersensitiv (ängstlich/übervorsichtig, negativ/trotzig)
- Regulationsstörung hyposensitiv/unterreaktiv (Anm. d. Verf.: sehr zurückhaltend, reagiert kaum auf Reize)
- stimulationssuchend/impulsiv
- Schlafstörungen: Einschlafstörung, Durchschlafstörung
- Fütterstörungen
- tief greifende Entwicklungsstörung
- multisystemische Entwicklungsstörung (vgl. Wiefel et al. 2007, S. 74)

Dabei muss immer die Beziehung zur primären Bezugsperson berücksichtigt und eine Einschätzung der Beziehungsqualität vorgenommen werden. Ein Beispiel aus einer Kinderkrippe kann das veranschaulichen.

Carla – ein unsicher gebundenes Kind
Die Eingewöhnungszeit von Carla in der Kinderkrippe verlief scheinbar ohne Komplikationen. „Zu ruhig", wie die Erzieherin befand. Das 18 Monate alte Mädchen signalisierte keinerlei Zeichen von Trennungsangst. Wenn die Mutter die Einrichtung verließ, zeigte sie keine Reaktion. Auch im weiteren Tagesverlauf blieb sie eher für sich und bemühte sich nicht um näheren Kontakt zur Erzieherin oder anderen Kindern. Im Vergleich mit den anderen Kindern der Gruppe war ihre Entwicklung vor allem in den Bereichen Sozialverhalten und Sprachentwicklung stark verlangsamt. Sie zeigte auch immer wieder Krankheitssymptome, die dazu führten, dass sie die Einrichtung häufiger als andere Kinder nicht besuchen konnte.
Nach ersten Begegnungen mit Carlas Mutter stellte sich heraus, dass deren Verhalten ebenfalls von großer Unsicherheit und Zurückhaltung geprägt war. Sie ließ sich kaum auf Kontakte mit den pädagogischen Fachkräften ein und vermied längere Gespräche. Auf Carlas Bezugserzieherin wirkte sie oft traurig und innerlich abwesend. Es ließ sich nicht klären, was die Mutter belastete oder ob möglicherweise eine psychische Erkrankung vorlag. Trotzdem erhärtete sich der Verdacht, dass Carlas Unsicherheit mit der verschlossenen Haltung der Mutter zu tun hatte. Carlas Vater war nach der Trennung von seiner Familie nicht mehr präsent und daher auch keine unterstützende Hilfe.
Kinder, die eine unsichere Bindung zur primären Bezugsperson erleben, leiden stark, auch wenn sie dies nicht zeigen. Wie andere Kleinkinder erlebt auch Carla in der Übergangssituation in der Krippe Trennungsängste. Sie hat aber gelernt, diese nicht zu zeigen. Zunächst

drängt sich vielleicht der Eindruck auf, dass sich Carla unkompliziert in die Gruppe einlebt. Die starke Zurückhaltung, verbunden mit mangelnder Explorationsfreude, ist aber ein Zeichen hoher emotionaler Unsicherheit. Die Phasen vor und nach der Trennung bedeuten für Carla großen Stress.
Die Annahme einer Verhaltensauffälligkeit in Form einer Beziehungsstörung (siehe DC: 0–3R) liegt in diesem Fall nahe. „Ob Kinder eine sichere Bindung an ihre Eltern entwickeln, entscheidet sich in den ersten drei Lebensjahren. Erfahren sie in dieser Zeit verlässliche Zuwendung und Liebe, gehen sie zuversichtlicher ins Leben als Kinder, die sich aufgrund von Vernachlässigung psychisch unsicher fühlen. Psychologen konnten nun zeigen, dass die Art der Bindung als Kleinkind die Gesundheit als Erwachsener prägt" (Hauschild 2013, S. 11).

Maßnahmen der pädagogischen Fachkräfte

Ebenso wie die anderen neuen Kinder erfuhr Carla in der Krippe eine sehr intensive Betreuung in der Eingewöhnungszeit und danach. Gleichzeitig wurde die Mutter mit in das Geschehen eingebunden, auch wenn diese scheinbar versuchte, dem Kontakt auszuweichen. Täglich berichtete ihr die Bezugserzieherin bei der Ankunft des Kindes, was sie heute geplant hatten, und bat sie, noch kurz in der Einrichtung zu bleiben. Auch beim Abholen wurde sie über Carlas Tun informiert.

Carla gegenüber versuchte die pädagogische Fachkraft zunächst, den Körperkontakt zu intensivieren, ohne dabei die Grenzen des Mädchens zu überschreiten. Sie fand heraus, dass Carla sich gerne eincremen ließ. Jede Handlung wurde dabei von der Erzieherin mit sanfter Stimme oder entspannendem Gesang begleitet. Als wiederkehrendes Ritual in den Tagesablauf eingebaut, vermittelte dies dem Mädchen Sicherheit und Geborgenheit. Die Mutter wurde gebeten, dieses Ritual zu Hause fortzuführen. Wann immer Carla wollte, konnte sie Körperkontakt zur Erzieherin aufnehmen, was immer häufiger vorkam. Kurze angeleitete Spielimpulse weckten zunehmend ihr Interesse. Nach einigen Wochen wiederholte sie hin und wieder von sich aus die Spiele in ähnlicher Form.
Um mit solchen Situationen angemessen umgehen zu können, sind nicht nur entwicklungspsychologisches und bindungstheoretisches Fachwissen, sondern auch ausgeprägte personale Kompetenzen nötig. Feinfühligkeit und Responsivität sind Voraussetzungen dafür, dass die Erzieherin die unausgesprochenen Bedürfnisse des Kindes und der Mutter erkennt und beständige, aber nicht überfordernde Reaktionen darauf zeigt. Wenn möglich, wurden daher Spielimpulse oder andere Signale des Mädchens aufgegriffen. In den kommenden Wochen ließ Carla zu, dass sporadisch auch andere Kinder einbezogen und ihr damit weitere soziale Erfahrungen ermöglicht wurden. Eine konsequente sprachliche Begleitung aller Tätigkeiten, die die Fachkraft gemeinsam mit Carla unternahm, stärkte das Gefühl von Sicherheit und unterstützte sie gleichzeitig in der Sprachentwicklung.

Fazit

Obgleich großer Bedarf besteht, ist die Feststellung von auffälligem Verhalten bei Säuglingen und Kleinkindern ein vielschichtiger Prozess. Fundierte fachliche Kenntnisse und die Fähigkeit zur gezielten Beobachtung sind Voraussetzungen, um den psychischen Zustand der Kinder kompetent einzuschätzen. Orientierung dazu bietet die diagnostische Einschätzskala DC: 0–3R. Pädagogische Fachkräfte in Kindertageseinrichtungen können Kinder in den verschiedensten Situationen beobachten und haben direkte Vergleichsmöglichkeiten. Die pädagogische Arbeit mit verhaltensauffälligen Säuglingen und Kleinkindern setzt überdies ausgeprägte personale Kompetenzen der Fachkräfte voraus.

Wann immer Carla wollte, konnte sie Körperkontakt zur Erzieherin aufnehmen.

Methodische Vorgehensweisen – eine Übersicht			
Methodisches Vorgehen	**Kurzbeschreibung**	**Kapitel im Heft**	**Seite**
Beziehungsgestaltung	Bindung steuern und gezielt aufbauen	Auffälliges Verhalten bei unter Dreijährigen	44
Halt und Stabilität vermitteln	Bevor das Kind in Belastungssituationen Alternativen und Lösungen entwickeln kann, braucht es manchmal erst Sicherheit und Stabilität. Diese können durch Bezugspersonen vermittelt und durch Rituale und regelmäßig wiederkehrende Vorgehensweisen verstärkt werden.	Peter und Irina haben Angst	16
Hypothesenbildung	Hypothesen sind Annahmen oder Vermutungen. Im Gegensatz zu Diagnosen lassen sie Spielraum für Veränderungen und berücksichtigen die mehr oder weniger subjektive Sichtweise der beobachtenden Person.	Anton spielt immer allein Schema: Systematische Hypothesen entwickeln	26 11
Kontaktogramm	Soziometrisches Beobachtungsverfahren zur grafischen Darstellung von verschiedenen Kontakten.	Tian entwickelt sich zum Clown	35
Kontext erschließen	Bedingungen, die zu einem bestimmten Verhalten führen, erkennen, verstehen und evtl. Veränderungsschritte einleiten.	Magdalena ist überreizt Anton spielt immer allein	22 26
PERiK Beobachtungsverfahren	Beobachtungsbogen: „Positive Entwicklung und Resilienz im Kindergartenalltag".	Svea zerstört jede Freundschaft	41
Reframing	Umdeutung einer dargestellten Situation im Sinne einer positiven Bedeutung für das Kind.	Systemisch orientierte Gesprächsführung	54
Responsivität	Feinfühliges Antwortverhalten	Lars zeigt an nichts Interesse	38
Ressourcen erschließen	Den Blick bewusst auf Ressourcen des Kindes richten, auch wenn das Verhalten zunächst schwierig erscheint. Ressourcen erschließen den Zugang zu neuen Möglichkeiten im Umgang mit belastenden Situationen.	Martin spricht nicht	19

Methodisches Vorgehen	Kurzbeschreibung	Kapitel im Heft	Seite
Rituale	Rituale sind immer wiederkehrende Handlungen, die nach ganz bestimmten Regeln ablaufen und über lange Zeit gleich bleiben.	Lisa verhält sich aggressiv Peter und Irina haben Angst	13 16
Skulpturarbeit	Situationen mit Gegenständen oder Stellvertretern aufstellen, um Bedeutungen und Gefühle sichtbar zu machen und Lösungsschritte einzuleiten.	Lennart verhält sich dominant	29
Systemische Beratung	Systemisch orientierte Beratung betrachtet den Gesprächspartner als Experten für seine Situation. Durch bestimmte Gesprächstechniken können individuelle Lösungsansätze bewusst gemacht werden.	Systemisch orientierte Beratung in der Kita	53
Systemische Gesprächsführung	Gesprächstechniken, die dazu beitragen, Ressourcen und Lösungsansätze bewusst zu machen.	Systemisch orientierte Gesprächsführung	54
Widerspiegeln	Verbalisieren der vom Gegenüber gezeigten Gefühle, zum Beispiel: „Du fühlst dich gerade …“, „Dir geht es offenbar …“.	Tabea ist oft traurig Svea zerstört jede Freundschaft	32 41
Zirkuläre Befragung	Technik aus der systemischen Gesprächsführung: Verschiedene Beteiligte äußern ihre jeweilige Sichtweise einer Situation und ermöglichen dadurch den anderen, die eigene Perspektive zu erweitern.	Systemisch orientierte Gesprächsführung	54

III. Zusammenarbeit mit Eltern

Der systemische Ansatz bezieht den familiären Kontext eines Kindes immer mit ein. Insofern ist eine enge Zusammenarbeit mit den Eltern von großer Bedeutung. Hierfür ist es hilfreich, bestimmte Techniken und Strategien der Gesprächsführung zu kennen und zu wissen, was man als Fachkraft tun kann, wenn Eltern nicht kooperieren.

Das soziale System Familie

In unserer Kultur gelten familiäre Beziehungen als prägende Instanz, die entscheidend für unser ganzes Leben sein kann. Für viele Menschen bedeutet Familie Geborgenheit, Sicherheit und soziale Anerkennung, für viele wurde die Dynamik der eigenen Herkunftsfamilie jedoch zur Quelle eines schwierigen Lebens: „Es gibt tatsächlich Familien, für deren Mitglieder ihr Zuhause einer der interessantesten und befriedigendsten Orte auf der Welt ist. Doch viele Menschen leben Jahr um Jahr in Familien, die für sie bedrohlich, belastend oder todlangweilig sind" (Satir 1990, S. 26). Die Familientherapeutin Virginia Satir unterscheidet zwischen nährender und „gestörter" Familie, begegnet aber auch allen Mitgliedern solcher Familien mit großer Wertschätzung: „Das bedeutet keineswegs, dass Ihre Familie schlecht ist, sondern nur, dass die Menschen, die in dieser Familie leben, nicht besonders glücklich sind und dass sie nicht gelernt haben, einander offen, mit Liebe und Achtung zu begegnen" (ebd.). Aus systemischer Sicht verfügt jedes Familiensystem über Ressourcen und Kompetenzen. Die Frage bleibt, wie diese bewusst und damit nutzbar gemacht werden können.

Kinder in mehr oder weniger „gestörten" Familiensystemen haben Schwierigkeiten, einen angemessenen Platz in der Familie und auch in anderen sozialen Systemen wie Kita oder Schule zu finden. Kein Kind ist von sich aus unfähig oder „gestört", sondern reagiert *ver*stört auf ein gestörtes System – häufig durch auffälliges Sozialverhalten. Man spricht dann vom Kind als „Symptomträger".

Ein Fallbeispiel

Der sechsjährige Paul besucht den Kindergarten im letzten Jahr. Notorisch verweigert er sich jeglichen Angeboten der Erzieherinnen und verhindert durch seine Störungen immer wieder gemeinsame Aktionen wie Experimente, Liedeinführungen, Bilderbuchbetrachtungen usw. Den pädagogischen Fachkräften gegenüber verhält er sich provokativ, selbstgerecht und ignoriert deren Bemühungen. Diese sehen der bevorstehenden Einschulung mit Besorgnis entgegen.

Der Blick auf den familiären Kontext führt zu neuen Einsichten: Pauls Vater leitet einen kleinen Handwerksbetrieb. Auch er war ein sehr unruhiges Kind und besuchte nur ein Jahr vor der Einschulung einen Kindergarten, was seiner Aussage nach „ziemlich in die Hosen ging". Bis heute hält er nicht viel von der Institution Kindergarten und den Erzieherinnen. Auch in der Schule hatte er massive Probleme. Trotz seiner Schwierigkeiten mit dem „Schriftkram" gelang es ihm, seinen Meister zu machen. Er hat eine heimliche Sympathie für Pauls Verhalten in der Kita, erinnert es ihn doch stark an sein eigenes, als er selbst im Alter seines Sohnes war. Pauls Mutter ist Chefsekretärin in einem mittleren Unternehmen. Als Kind ging sie sehr gern in den Kindergarten und war immer gut in der Schule. Bis heute hält sie viel von Bildung und Ausbildung. In ihrer Herkunftsfamilie haben alle anderen ein Studium absolviert. Pauls Eltern stimmen in vielem nicht überein, so auch in der Einschätzung seiner Verweigerung. Der Vater findet das alles nicht so tragisch, die Mutter macht sich ernsthafte Sorgen. Aber auch in Bezug auf die Freizeit haben sie sehr unterschiedliche Interessen; darüber kommt es zu Auseinandersetzungen in der Familie.

Die Hypothese

Es lässt sich die Hypothese bilden, dass Paul immer stärker zur Seite des Vaters tendiert und ihm gegenüber eine starke Loyalität entwickelt. Damit hindert er sich selbst daran, seine eigene Neugier zu befriedigen und seine Kreativität und sein Wissen weiterzuentwickeln.

So manche Dynamik in Familien entwickelt sich aus „Verstrickungen", die die (erwachsenen) Menschen in diesem System nicht mehr frei und nach eigenem Empfinden handeln lassen. Dies führt häufig zu Unklarheiten in der Rolle, einseitigen Schuldzuweisungen oder einem gestörten Selbstwertgefühl.

Aus systemischer Sicht verfügt jedes Familiensystem über Ressourcen und Kompetenzen.

Die Chance zur Veränderung von Pauls Verhalten in der Kita bestünde darin, dass der Vater seine Haltung überdenkt und seinem Sohn eine positive Identifikation mit den dortigen Beziehungs- und Bildungsangeboten ermöglicht.

Pädagogische Fachkräfte haben in solchen Situationen nicht die Aufgabe, therapeutisch in Familiensysteme einzugreifen. Sie beraten Eltern und Kinder hinsichtlich pädagogischer Aspekte und können gegebenenfalls auf geeignete weiterführende Beratungsinstitutionen verweisen. Diese Rolle erfordert eine hohe fachliche Kompetenz. Professionelles Handeln in diesem Zusammenhang zeichnet sich auch dadurch aus, dass die Fachkräfte jedem Familiensystem mit der erforderlichen Wertschätzung begegnen und notfalls in der Lage sind, sich angemessen abzugrenzen. Gleichzeitig gelingt es ihnen, eigene Vorurteile abzubauen und Übertragungen zu vermeiden, indem sie ihre persönliche Familiengeschichte und die damit verbundenen Werte und Einstellungen reflektieren.

Das Kind profitiert von zwei Systemen

Es gibt verschiedene Möglichkeiten, das Verhältnis von Kindertageseinrichtung und Familie konzeptionell zu fassen. Heute wird gemeinhin das ökologische Modell von Urie Bronfenbrenner als Grundlage herangezogen. Nach Bronfenbrenner agiert ein Kind in verschiedenen, miteinander in Austausch- und Wirkbeziehungen stehenden Systemen. Familie und Kita bilden dabei jeweils ein Mikrosystem. Dieses zeichnet sich durch bestimmte Muster von Aktivitäten, Rollen und zwischenmenschlichen Beziehungen aus (vgl. Bronfenbrenner 1981). Im Mikrosystem Familie erfährt ein Kind andere Reaktionen, geht anderen Aktivitäten nach und erlebt andere zwischenmenschliche Beziehungen als im Mikrosystem Kita. Das Kind trägt jedoch Erfahrungen aus dem einen System in das andere hinein und verändert somit das System selbst ein Stück weit. Die Wechselbeziehungen zwischen den Lebensbereichen, an denen die sich entwickelnde Person – in unserem Fall das Kind – aktiv beteiligt ist, werden als Mesosystem bezeichnet. Die ökologisch-systemische Denkweise beinhaltet, dass die Beteiligung in verschiedenen Lebensbereichen für die Entwicklung grundsätzlich förderlich ist. Diese positiven Entwicklungseffekte werden gesteigert bzw. verstärkt, wenn das Kind den Übergang nicht allein, sondern in Begleitung vollzieht. Bezogen auf die Zusammenarbeit zwischen Familie und Kita leitet sich daraus eine besondere Aufmerksamkeit für eine pädagogische Gestaltung der Übergänge von der Familie in die Kita und später von der Kita in die Grundschule ab.

Ein Kind agiert in verschiedenen, miteinander in Wirkbeziehungen stehenden Systemen.

Ziel aller Elternarbeit ist, eine partnerschaftliche Zusammenarbeit zum Wohl des Kindes zu erreichen. Im Idealfall entsteht zwischen Eltern und pädagogischen Fachkräften eine Erziehungs- und Bildungspartnerschaft auf Augenhöhe. Dieser Ansatz entspricht einer systemischen Sichtweise. Wesen dieser Partnerschaft aus Sicht der Erzieherin ist nicht die Veränderung des Familiensystems, sondern der Auftrag, dieses einzubeziehen, das Lebensumfeld des Kindes zu berücksichtigen (Kontext) und sich an den Ressourcen und Strukturen des Familiensystems zu orientieren.

Nach wie vor stellen Eltern die erste Erziehungs- und Bildungsinstanz für das Kind dar. Dies ist auch gesetzlich so geregelt. Der Staat mit seinen Institutionen (zu denen auch Kindertageseinrichtungen gehören) hat zwar einen eigenständigen Bildungs- und Erziehungsauftrag, aber immer ergänzend zur Familie des Kindes: „Eltern tragen die Hauptverantwortung für die Bildung und Erziehung ihres Kindes. Sie sind die natürlichen Erzieher. Pflege und Erziehung des Kindes sind das natürliche Recht der Eltern und die zuvörderst ihnen obliegende Pflicht“ (Art. 6 Abs. 2 GG). Nur wenn das Wohl des Kindes gefährdet ist, kommt dem Staat das sogenannte Wächteramt zu, welches er per Gesetz auf seine Institutionen überträgt. Kindertageseinrichtungen haben demnach einen Schutzauftrag. Dies bedeutet, dass sie laut § 8a SGB VIII bei Bekanntwerden gewichtiger Anhaltspunkte für die Gefährdung des Kindeswohls in der Pflicht sind (vgl. dazu Kapitel IV).

Die Tatsache, dass Kinder in zwei Systemen leben – in der Familie mit jeweils individuellen Sozialisationsbedingungen und als Mitglied einer Kindergruppe –, kann eine Chance für sie darstellen, behutsam in die Komplexität unseres Lebens hineinzuwachsen. Mit dem regelmäßigen Besuch einer Kita eröffnen sich dem Kind weitere Möglichkeiten, angemessene und zielführende Verhaltensweisen zu entwickeln. Gerade wenn in einer bestimmten Situation ein familiäres Umfeld auf das Kind verstörend wirkt, sind die außerfamiliären Alternativen umso bedeutsamer. Hier können sich natürlich zunächst auch Widersprüche für das Kind auftun, die manchmal zu inneren Konflikten führen, was sich wiederum in auffälligem Verhalten ausdrücken kann. Pädagogische Fachkräfte lernen, mit solchen Widersprüchen umzugehen und dabei die eigene Rolle zu finden.

Unterschiedliche Sichtweisen auf das Kind

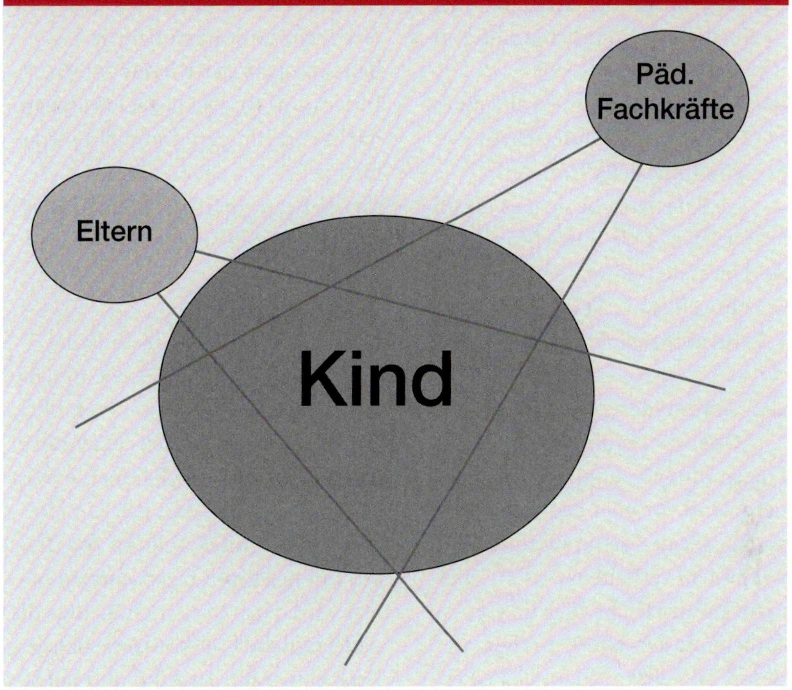

Jedem System bietet sich ein anderer Blickwinkel

Systemisch orientierte Beratung in der Kita

Eine der Aufgaben von Erzieherinnen in der Kita ist es, Eltern gegenüber eine beratende Funktion einzunehmen. Dieser Auftrag wird im bundesweit geltenden Kinder- und Jugendhilfegesetz umrissen: „Tageseinrichtungen für Kinder und Kindertagespflege sollen die Erziehung und Bildung in der Familie unterstützen und ergänzen" (§ 22 Abs. 2 SGB VIII). Eine genauere Aufgabenbeschreibung findet sich in einzelnen Ländergesetzen. Für Bayern heißt es beispielsweise: „Sie erörtern und beraten mit ihnen [den Eltern, Anm. des Autors] wichtige Fragen der Bildung, Erziehung und Betreuung des Kindes" (BayKiBiG Art. 14 Abs. 2).

Beratung findet häufig im Kontext der Begleitung von Übergängen, Eignung für die Grundschule, Entwicklung des Kindes und von möglichen Entwicklungsrisiken statt. Dabei ist an einen gegenseitigen Austausch gedacht, bei dem sich die unterschiedlichen Erziehungsinstanzen ergänzen und ihren jeweiligen Blickwinkel auf das Kind erweitern sollen. Eine Familienberatung ist nicht vorgesehen (außer in Familienzentren), dafür kann die pädagogische Fachkraft jedoch ihre Kompetenz bezüglich weiterführender Beratungsangebote einbringen (z. B. Erziehungsberatungsstelle) und unter Umständen auch vermittelnd tätig sein.

Der Ansatz einer systemischen Beratung kommt der Vorstellung von Beratung, wie sie in Kitas geschehen soll, schon ziemlich nahe. Eine systemisch denkende Beraterin (in diesem Fall die pädagogische Fachkraft) geht von der Kompetenz der Eltern aus und betrachtet diese als Experten für ihr Kind. Ihre Haltung in der Beratungssituation ist geprägt von Akzeptanz, Einfühlungsvermögen, Unvoreingenommenheit und Wertschätzung. Ausgehend von der Annahme, dass jeder Mensch eigene Lösungen entwickeln kann, arbeitet sie mit den vorhandenen Ressourcen und Kompetenzen der Eltern. Im Rahmen eines einfühlsamen Gesprächs spürt sie diese auf und macht sie den Eltern bewusst. Hierzu eignen sich bestimmte Gesprächsführungstechniken (siehe „Systemisch orientierte Gesprächsführung", S. 54 f.). Im Dialog werden den Bedingungen deutlich, unter denen das Kind bzw. die Eltern eigene Ressourcen aktivieren können, um möglichst eigenverantwortlich und selbstorganisiert zu individuellen Lösungen zu gelangen.

Aus der Grafik (s. oben) ergeben sich folgende Schlussfolgerungen:

- Es gibt unterschiedliche Sichtweisen: Jedem System bietet sich ein anderer Blickwinkel.
- Die Position der Eltern ist meistens näher am Kind als die der pädagogischen Fachkräfte in der Kita.

- Pädagogische Fachkräfte achten auf professionelle Distanz und vermeiden Konkurrenzsituationen.
- Das Kita-Team strebt eine Erziehungs- und Bildungspartnerschaft mit den Eltern an.
- Die Kita versteht sich als familienergänzende Einrichtung.
- Die erste Bildungs- und Erziehungsinstanz ist die Familie, vorrangig die Eltern des Kindes.

Systemisch orientierte Gesprächsführung

Liegen Entwicklungsrisiken bei einem Kind vor oder beobachtet die pädagogische Fachkraft außergewöhnliche Verhaltensweisen, ist es nicht immer leicht, dies im Gespräch mit den Eltern zu thematisieren. In nahezu jedem Fall ist es sinnvoll, die Eltern offen auf das beobachtete Verhalten ihres Kindes anzusprechen. Dabei sollten folgende Punkte beachtet werden:

- Das Verhalten möglichst neutral schildern,
- in Ich-Form sprechen („Ich erlebe Ihren Sohn/Ihre Tochter …"),
- wertschätzend gegenüber den Eltern bleiben,
- das Verhalten als Signal des Kindes sehen,
- die Eltern als Experten für ihr Kind in die Suche nach möglichen Ursachen einbinden (z. B. „Was glauben Sie, warum sich Ihr Kind auf diese Weise verhält?", „Was möchte Ihr Kind wohl mit diesem Verhalten ausdrücken?").

Solche Fragen können als „Türöffner" fungieren und gleichzeitig weitere Informationen über die Lebenssituation des Kindes liefern. Indem pädagogische Fachkräfte zunächst nachfragen und nicht schon fertige Erklärungen anbieten, laden sie die Bezugspersonen des Kindes ein, an einer Lösung mitzuwirken.

Reframing

Hilfreich ist auch die Technik des Reframings. Reframing bedeutet, die Situation unter einem anderen Blickwinkel zu sehen, sie neu „einzurahmen" (engl. frame = Rahmen). Es ist leider oft der Fall, dass das Kind in Gesprächen mit den Eltern von diesen mit negativen Eigenschaften belegt wird. Hier ist es wichtig, dass die pädagogische Fachkraft eine neue Perspektive auf das Kind und die Situation einnimmt und sein Verhalten aus dieser Perspektive (positiv) beschreibt. Durch diese Umdeutung gewinnen die Gesprächspartner eine andere Sicht auf die Dinge.

Beispiele:

Mutter: „Wenn er sich bewegen soll, ist mein Sohn stinkfaul!"

Reframing:

Erzieherin: „Wie erklären Sie es sich, dass Ihr Sohn ab und zu den Schongang einlegt?", „Wann legt er am meisten Pausen ein, wann am wenigsten?"

Vater: „Meine Tochter ist immer gleich beleidigt."

Reframing:

Erzieherin: „Wie reagieren Sie, wenn Ihr Kind Ihnen signalisiert: Da stimmt was nicht?", „In welchen Situationen erleben Sie Ihre Tochter ausdauernd und kooperativ?"

Mutter: „Wenn andere Kinder ihre Spielsachen wollen, ist Ella immer ganz aggressiv."

Reframing:

Erzieherin: „Wie erleben Sie es, wenn Ella sich gegen übergriffige Handlungen anderer Kinder wehrt?", „In welcher Situation sollte Ihr Kind sich durchsetzen?"

Zirkuläres Fragen

Eine zentrale Methode systemisch orientierter Gesprächsführung ist zirkuläres Fragen. Ziel dieser Frage-

Das auffällige Verhalten eines Kindes sollte immer mit den Eltern besprochen werden

technik ist es, unterschiedliche Sichtweisen aufzuspüren, die Perspektiven anderer Beteiligter zu erfahren, sich in deren Situation hineinzuversetzen und darüber hinaus die eigenen damit verbundenen Gefühle zu reflektieren. Ebenso ist es für die beratende Person von Interesse, wie ihr Gegenüber andere beteiligte Personen sieht.
Beispiele:
„Was glauben Sie, geht in Ihrer Tochter vor, wenn sie wütend reagiert?"
„Was vermuten Sie, wie Ihr Mann, der Vater des Kindes, diese Situation erlebt?"
„Welche Wirkung hat dieses Verhalten auf die Geschwister? Was glauben Sie, wie es ihnen dabei geht?"
„Was spielt sich zwischen Ihrem Mann und Ihrem Sohn ab, wenn Paul seinen Willen durchsetzen will? Wie geht es Ihnen dann in dieser Situation?"

Wenn Eltern die Zusammenarbeit ablehnen

Manchmal gehen Eltern einem intensiveren Austausch mit den pädagogischen Fachkräften aus dem Weg, da sie befürchten, über die Defizite und Schwierigkeiten ihrer Kinder Rechenschaft geben zu müssen. Das Schlimmste, was diesen Eltern widerfahren kann, ist der Vorwurf, dass sie nicht in der Lage sind, ihr Kind zu erziehen. Meistens fühlen sie sich dann in ihrem Selbstwertgefühl herabgesetzt und reagieren auf unterschiedliche Weise darauf. Ein Reaktionsmuster ist es, sich erst gar nicht in eine möglicherweise belastende Situation hineinzubegeben. Je nach Vorerfahrungen (zum Beispiel mit verschiedenen Helfersystemen) kann dies ein Grund dafür sein, sich dem Austausch mit den Kita-Fachkräften zu entziehen. Grundsätzlich braucht es deshalb eine Atmosphäre von Akzeptanz und Wertschätzung, damit eine Bereitschaft zum Gespräch aufseiten der Eltern überhaupt entstehen kann. Dies bedeutet für die pädagogischen Fachkräfte auch, zu akzeptieren, dass manche Menschen eine längere Anlaufphase benötigen, um entsprechendes Vertrauen aufzubauen, und sich erst dann in eine Beratungssituation begeben.
Aufseiten der gesprächsführenden Fachkraft sollten daher bestimmte Kommunikationsfehler vermieden werden, die schnell dazu führen können, dass das Gegenüber weitere Kontakte abblockt.
In der Untersuchung „Kommunikationsfördernde Gesprächsführung mit Eltern in Kindertageseinrichtungen", die am Staatsinstitut für Frühpädagogik in München durchgeführt wurde, konnten Arten und Häufigkeit von Gesprächsblockaden in Elterngesprächen registriert und beschrieben werden (Rückert et al. 2000, S. 44 ff.). Einige davon werden im Folgenden dargestellt – zusammen mit ihrer jeweils positiven, also gesprächsfördernden Alternative:

Gemeinsame Ebene herstellen statt moralisieren

Moralisieren signalisiert Überlegenheit. Eltern sollen durch Zureden und moralische Appelle erst einsichtig gemacht werden. Es wird unterstellt, dass sie die Situation nicht richtig einschätzen können oder nicht die nötige Reife für ein verantwortungsvolles Handeln besitzen. Eine grobe Missachtung partnerschaftlicher Ebenbürtigkeit! Beispiele für Zureden und Moralisieren: „Sie sind als Eltern verpflichtet, zum Wohle des Kindes zu entscheiden", „Sie sollten sich zusammennehmen und Ihrer Verpflichtung nachkommen".

Sich selbst einbringen statt Ratschläge erteilen

Ratschläge werden manchmal als gut gemeinte Schläge empfunden, und zwar dann, wenn diese den Gesprächspartner vor die Wahl stellen, es entweder auf diese Weise richtig zu machen oder ein schlechter Erzieher zu sein. Beispiele: „Da muss man …", „Es ist das Beste für Sie …".

Eine systemisch denkende Beraterin geht von der Kompetenz der Eltern aus.

Lassen Ratschläge dagegen eine Auswahl und Offenheit zu, können sie eine Bereicherung sein. Beispiele: „Ich versuche es manchmal so …", „Ich erlebe oft …". Wenn dem Gegenüber deutlich wird, dass Erfahrungen und Meinungen (Ich-Botschaften) geäußert werden, so besteht die Freiheit zur Annahme oder Ablehnung.

Erfahrungen austauschen statt belehren

Für ein partnerschaftliches Gespräch sind Belehrungen wie ein Klotz am Bein. Beispiel: „Aus wissenschaftlichen Untersuchungen weiß man: Kinder sollten schon vor dem Schuleintritt …". Für alle Beteiligten ist es hilfreicher, wenn über

Manchmal ist es schwierig, mit Eltern im Kontakt zu bleiben

einen Erfahrungsaustausch die individuelle Situation des Kindes wahrgenommen und berücksichtigt werden kann. Daraus können sich Lösungsansätze entwickeln, die deshalb leichter angenommen werden, weil der Gesprächspartner selbst daran mitgewirkt hat.

Nachfragen statt Vorwürfe machen
Vorwürfe und Beschuldigungen machen den Gesprächspartner zum Sündenbock. Unwillkürlich stellt sich die gesprächsführende Fachkraft über ihr Gegenüber. Eine solche Situation verhindert ein vertrauensvolles Gespräch und konstruktive Lösungen. Beispiele: „Ich kann Ihnen den Vorwurf nicht ersparen: Sie sind viel zu spät den Aufforderungen nachgekommen, Ihr Kind zu einem Logopäden zu schicken“, „Sie verhalten sich in diesem Fall sehr verantwortungslos“.

Vorwürfe machen den Gesprächspartner zum Sündenbock.

Fragen wir dagegen nach, woran es lag, dass beispielsweise eine Vereinbarung nicht eingehalten wurde, erfahren wir mögliche Hintergründe und erinnern gleichzeitig an die Vereinbarung.

Authentisch bleiben statt schmeicheln
Lob schafft Wohlwollen und Vertrauen und kann Verständnis und Offenheit vertiefen. In der Regel geschieht dies im Elterngespräch über Komplimente. Scheint ein ehrlich gemeintes Kompliment angemessen, ist es auch wichtig, dieses auszudrücken. Im Sinne von Schmeicheln wäre es dagegen mehr eine taktische Vorgehensweise, die nicht den ehrlichen Gefühlen der Gesprächsführenden entspricht und dadurch schnell übertrieben wirkt. Beispiel: „Wenn nur alle Mütter so wären! So wie Sie um Ihr Kind bemüht sind, so jemanden wird es kein zweites Mal geben!“
Im Gespräch sollte die pädagogische Fachkraft authentisch bei den eigenen Gefühlen bleiben. Werden diese auf angemessene Weise eingebracht und dabei auch die Gefühle des Gegenübers ernst genommen, kann eine vertrauensvolle Gesprächsatmosphäre entstehen.

Situationen neutral schildern statt interpretieren
Interpretationen fassen oftmals Schwierigkeiten griffig zusammen und geben dem Gespräch einen vermeintlich fachlichen Anstrich. Meist enthalten sie jedoch eine Menge Unterstellungen und verschleiern eher das Anliegen des Gesprächs. Beispiel: „Vermutlich verwöhnen Sie Ihr Kind zu sehr, weil Sie Schuldgefühle wegen Ihrer Berufstätigkeit haben.“ Bleibt man im Gespräch dagegen bei möglichst genauen, neutralen Schilderungen, profitieren die Gesprächspartner, indem sie wertneutrale Informationen gewinnen.

Einfühlen statt beschwichtigen und bemitleiden
Regelmäßig wird in Gesprächstrainings die Vermutung geäußert, dass Beschwichtigen und Bemitleiden dem Gesprächspartner gut tun würden. Bemitleiden wird in diesem Fall mit Einfühlung verwechselt. Es hilft dem Gegenüber nicht weiter, weil dessen Probleme nicht ernst genommen werden. Beispiele:

„Das ist doch kein Grund, sich aufzuregen", „Wenn Sie eine Nacht darüber geschlafen haben, werden Sie darüber lachen!". Sich in den anderen einzufühlen, also Mitgefühl und Empathie zu zeigen, geht zugleich mit Wertschätzung einher, während das Bemitleiden dem Gesprächspartner Überlegenheit signalisiert.

Ernst nehmen statt ablenken
Auch Ablenken und Zerstreuen sind wenig geeignet, ein Gespräch partnerschaftlich und konstruktiv zu führen. Das Problem oder Anliegen des Gesprächspartners wird zwar scheinbar abgemildert oder beigelegt, damit wird aber zugleich eine Veränderung bzw. Lösung verhindert. Beispiele: „Nach einiger Zeit hat sich die Angelegenheit bestimmt von selbst gelöst", „Das ist ganz normal, da macht sich jede Mutter Sorgen". Werden eine geschilderte Situation und die damit verbundenen Gefühle dagegen ernst genommen, fühlt sich der Gesprächspartner in seinem Anliegen eher gesehen und akzeptiert.

Richtig fragen statt verhören
Fragen, penetrant aneinandergereiht, wirken wie ein Kreuzverhör und rufen beim Gesprächspartner das Gefühl hervor, die schwächere Position einzunehmen. Beispiele: „Wie viel arbeiten Sie? Wie stark sind Sie dadurch beansprucht? Warum müssen Sie arbeiten?", „Welches Problem steht an? Wie lange sind Sie dadurch schon belastet? Was soll sich ändern? Wie wollen Sie etwas ändern?"
Dagegen entfalten geschickte und einfühlsame Fragen das Anliegen des Gegenübers. Sie sind somit eine sehr effektive Technik, um in einem Gespräch Zusammenhänge und Lösungen aufzeigen zu können.

Trotz aller Bemühungen seitens der pädagogischen Fachkräfte kann es vorkommen, dass Eltern weiterhin den Austausch vermeiden und die angestrebte Erziehungs- und Bildungspartnerschaft nicht möglich ist. Dies mag unterschiedliche Gründe haben. Kulturell bedingte Einstellungen, Ablehnung des Systems Kita oder individuelle Ängste sind nur einige davon. Letztendlich bleibt auch der pädagogischen Fachkraft nichts anderes übrig, als diese Haltung zu tolerieren, denn ein partnerschaftliches Verhältnis lässt sich nicht erzwingen. In diesem Fall ist es für die Fachkraft auf jeden Fall wichtig zu beachten, dass die Kommunikation nicht vollständig abreißt. Es sollten alle Möglichkeiten genutzt werden, um diese wenigstens auf einem niedrigschwelligen Niveau zu erhalten. Ein paar unverbindliche Worte beim Ankommen oder Abholen, die persönlich ausgesprochene Einladung zum Sommerfest oder regelmäßige mündliche Informationen über das Geschehen im Kita-Alltag können dazu beitragen, dass der Kontakt zwischen Fachkräften und Eltern aufrechterhalten bleibt.

IV. Lebensweltorientierung und Vernetzung

Jede Kita muss ihre pädagogische Konzeption als Antwort auf die Herausforderungen entwickeln, die die Lebenssituation der Kinder und ihrer Familien ausmacht. Im täglichen Umgang mit Kindern, die auffälliges Verhalten zeigen, spielen neben der Lebensweltorientierung die Kooperation und Vernetzung mit anderen Experten und sozialen Diensten eine große Rolle.

Berücksichtigung der Lebenswelt der Familie

Mit „Lebenswelt" wird die alltägliche Wirklichkeitserfahrung in Familie, Nachbarschaft, Gemeinwesen, bestimmten Gruppen usw. bezeichnet. Diese bietet in der Regel für den Einzelnen eine gewisse Verlässlichkeit und Sicherheit. Lebensweltorientierung in der sozialen Arbeit hat sich zum Ziel gesetzt, vorhandene Ressourcen in funktionierenden Systemen zu unterstützen und gegebenenfalls auch vor Ort zu entwickeln. Für pädagogische Fachkräfte in Kitas ist dies natürlich nur sehr begrenzt möglich. Ihnen geht es in erster Linie darum, die Lebenswelt der Kinder zu erfassen, um daraus Rückschlüsse für die pädagogische Arbeit in der Einrichtung zu ziehen und eine partnerschaftliche Zusammenarbeit mit den Eltern zu erreichen.
Eine systemische Arbeitsweise fordert diesen Blick auf die familiäre Hintergrundsituation des Kindes (Kontext) geradezu heraus. Nur durch Kenntnis der Lebenssituation von Kindern lassen sich mögliche Verhaltensauffälligkeiten erklären. Die Kita kann sich die Familien, mit denen sie zusammenarbeitet, nicht aussuchen, sondern ist gehalten, ihr Angebot der Situation und den Bedarfen anzupassen, die sie vorfindet. So muss jede Einrichtung ihre pädagogische Konzeption als Antwort auf die Herausforderungen entwickeln, die die Lebenswelt der Kinder und Familien ausmacht. Befindet sich die Kita beispielsweise in einem Einzugsgebiet, in dem viele Flüchtlingsfamilien wohnen, bleibt es nicht aus, sich an deren Lebenswirklichkeit zu orientieren. Entsprechende pädagogische Schwerpunkte müssten dann in den Bereichen alltagsintegrierte Sprachförderung, kultursensitive Pädagogik und Traumapädagogik liegen. Gleichzeitig sind in diesem Fall der Umgang mit Risikofaktoren und die Förderung von Resilienz ein großes Thema.
Gerade in der Zusammenarbeit mit Kindern mit herausfordernden Verhaltensweisen und Entwicklungsrisiken besteht eine besondere Notwendigkeit, deren Lebenswirklichkeit zu erfassen, Ressourcen darin zu erkennen und die Familie in ihrer Erziehungs- und Bildungsaufgabe zu stärken. Hier sind vor allem integrative statt aussondernde Hilfen für das Kind und dessen Familie zu suchen, wie zum Beispiel „Misserfolge und Schwächen entdramatisieren, Kränkungen aufgreifen, Misstrauen und Misserfolg überwinden" (Bayerisches Staatsministerium für Arbeit und Sozialordnung, Familie und Frauen & Staatsinstitut für Frühpädagogik 2006, S. 158). Für die Zusammenarbeit mit den Familien bedeutet das, dass diese nach Möglichkeit auf der Basis von Gleichberechtigung und gemeinsamer Verantwortung geschehen soll. Dies wiederum ist die Grundlage für eine vertrauensvolle Beziehung zwischen Eltern und pädagogischen Fachkräften. Erst wenn diese besteht, sind Eltern vielleicht bereit, die Anregungen der Erzieherin aufzugreifen und das umfassende psychosoziale Beratungsangebot auch in Anspruch zu nehmen. Beide Seiten profitieren davon: Familien erfahren professionelle Hilfe von außen, wenn die eigenen Möglichkeiten zur Bewältigung familiärer Belastungen nicht ausreichen; die Fachkräfte können die Möglichkeiten im Rahmen ihrer pädagogischen Arbeit nutzen und als erste Beratungsinstanz für Eltern verhaltensauffälliger Kinder wirken. Darüber hinaus bieten psychosoziale Beratungsstellen und spezifische Therapeuten die notwendige professionelle Unterstützung an.
Kooperation und Vernetzung mit einschlägigen Beratungsstellen und Therapeuten sind zentrale Aufgaben von pädagogischen Fachkräften, wenn sie Familien, deren Kinder in der Einrichtung auffällige Verhaltensweisen zeigen, wirklich helfen möchten. Um dieser Aufgabe gerecht zu werden, müssen bestimmte Voraussetzungen gegeben sein:

Eine systemische Arbeitsweise erfordert den Blick auf die Lebenssituation der Familie.

- Kenntnisse über regionale Beratungsstellen und Fachdienste
- Vernetzung und Austausch mit diesen vor Ort
- Methoden, um Übergänge von der Beratungssituation in der Kita zum entsprechenden Fachdienst zu gestalten

Möglichkeiten der Kooperation und Vernetzung

Eine systemisch orientierte Pädagogik sieht die eigene Kita nicht als isolierte Einrichtung, sondern ist sich dessen bewusst, dass sie erst vernetzt mit anderen Institutionen wirksame Begleitung und Unterstützung bieten kann. Vor allem bei der Arbeit mit vielfältigen Ursachen

und Hintergründen auffälliger Verhaltensweisen von Kindern ist dies unabdingbar. Dazu gehört auch „das bewusste und proaktive Kooperieren. Proaktiv deshalb, weil es in unserem ureigensten Interesse ist, Vielfalt zu generieren, die Sichtweisen und Meinungen anderer zu erfassen, sie in unsere Betrachtung einzubinden und daraus ein stimmiges Gesamtes zu bilden“ (Orban & Wiegel 2009, S. 118).
Zusammenarbeit und Vernetzung können auf vielfältige Weise stattfinden. Der erste Schritt ist, dass man voneinander weiß. Ein Tag der offenen Tür für soziale Dienste, Beratungsstellen, Therapeuten und Kinderärzte aus dem Umfeld kann hier erste Kontakte bahnen. Auch die Teilnahme an regionalen Arbeitskreisen und Tagungen durch die Leitung oder eine Beauftragte der Kita schafft eine langfristige und solide Basis der Zusammenarbeit. Darüber hinaus können auch individuelle Besuche und die Nutzung von Informationsangeboten niedergelassener Therapeuten und örtlicher Institutionen hilfreich sein. Weitere Schritte bestehen darin, die Zusammenarbeit zu vertiefen, entsprechende Informationen weiterzugeben und schließlich die Kontaktaufnahme von Familien mit der entsprechenden Institution zu ermöglichen. Die Kita sollte sich hierfür mit entsprechendem Infomaterial (z. B. der Familienberatungsstelle, von Familientherapeuten und einschlägigen Fachdiensten) ausstatten. In Einzelfällen kann auch ein persönlicher Kontakt hergestellt werden. Um die Inanspruchnahme eines Experten für die Eltern zu erleichtern, könnte ein erstes Informationsgespräch zum Beispiel mit der zukünftigen Therapeutin auch gemeinsam in der Kita stattfinden – mit dem Ziel, die weitere Beratung und Therapie dann an der entsprechenden Stelle weiterzuführen.

Zusammenarbeit und Vernetzung können auf vielfältige Weise stattfinden.

Die Kita kann zwischen Eltern und helfenden Institutionen vermitteln

Eine sehr erfolgreiche Form der Zusammenarbeit praktiziert unter anderem ein Kindergarten in Garmisch-Partenkirchen: Eine Mitarbeiterin der örtlichen Familienberatungsstelle bietet einmal monatlich Beratungsgespräche für Eltern im Kindergarten an. Die Leitung organisiert die Termine im Vorfeld. Stellt sich ein umfangreicherer Beratungsbedarf heraus, bietet die Beraterin weitere Termine in der Beratungsstelle an. Diese Form der Kooperation wird von den Eltern intensiv genutzt.
Vor allem Familienzentren greifen solche Modelle der Zusammenarbeit und Vernetzung auf. Sie halten – neben der Kinderbetreuung – ein umfassendes Angebot für Familien bereit. Dazu gehören in der Regel Beratungsangebote, Kontaktmöglichkeiten zum Beispiel über Elterncafés oder Gesprächskreise, aber auch offene Sprechstunden und Vorträge verschiedener Fachdienste oder Kinderärzte. Gerade bei Familien mit wenig sozialen Kontakten und Alleinerziehenden soll so einer möglichen Isolation entgegengesteuert werden. Darüber hinaus vereinfacht das niedrigschwellige Unterstützungsangebot vor Ort die Inanspruchnahme von Hilfe – gerade dann, wenn Entwicklungsrisiken bestehen.

Besondere Herausforderung Kindeswohlgefährdung

Als Kindeswohlgefährdung gilt bereits seit den 1950er-Jahren „eine gegenwärtige in einem solchen Maße vorhandene Gefahr, dass sich bei der weiteren Entwicklung eine erhebliche Schädigung mit ziemlicher Sicherheit voraussehen lässt“

(BGH FamRZ 1956, S. 350). Gemäß dieser Definition müssen drei Kriterien gleichzeitig erfüllt sein, damit von einer Kindeswohlgefährdung auszugehen ist:

- Die Gefährdung des Kindes muss gegenwärtig gegeben sein.
- Die gegenwärtige oder zukünftige Schädigung muss erheblich sein.
- Die Schädigung muss sich mit ziemlicher Sicherheit vorhersehen lassen, sofern sie noch nicht eingetreten ist.

Seit 1.1.2012 gilt das Bundeskinderschutzgesetz (BKiSchG), das vor allem auf die Stärkung eines aktiven Schutzes von Kindern und Jugendlichen zielt und sowohl vorbeugende als auch intervenierende Maßnahmen beinhaltet (vgl. Maywald 2012, S. 12).
Sobald dem Träger „gewichtige Anhaltspunkte zur Gefährdung des Wohls eines Kindes" (§ 8a Abs. 4 SGB VIII) bekannt werden, ist dieser zum Handeln verpflichtet. Meistens wird dieser Auftrag an die Leitung der Kita delegiert. In diesem Fall wird eine sogenannte Gefährdungseinschätzung vorgenommen. Dazu muss eine „insoweit erfahrene Fachkraft" hinzugezogen werden. Ebenso muss der Versuch unternommen werden, die Eltern des betroffenen Kindes einzubeziehen und zur Inanspruchnahme von Hilfe zu bewegen, sofern dadurch das Kind nicht zusätzlich gefährdet wird. Die pädagogische Fachkraft, die mit dieser Situation konfrontiert ist, bringt dies mitunter in ein Dilemma – vor allem dann, wenn es zunächst nur Verdachtsmomente sind. Zur Stärkung der Erziehungs- und Bildungspartnerschaft ist einerseits eine vertrauensvolle Basis nötig, andererseits jedoch hat der Schutz des Kindes Priorität. In dieser Situation ist es notwendig, dass die Fachkraft damit nicht allein steht.
Deshalb an dieser Stelle einige Hinweise zum professionellen Vorgehen:

- Der Schutz des Kindes hat Vorrang.
- Vorfälle und Verdachtsmomente sollten immer dokumentiert werden.
- Der Träger ist in einem solchen Fall immer zu informieren und gemeinsam sollte die weitere Vorgehensweise abgestimmt werden.
- Fachliche Leitlinien zum Umgang bei Verdacht auf Kindeswohlgefährdung sollten bereits im Vorfeld vereinbart werden. Der Träger hat laut § 8b SGB VIII einen Beratungsanspruch gegenüber den Landesjugendämtern (vgl. Maywald 2012, S. 13).
- Hilfe von außen (z. B. durch Kinderschutzstellen und regionale Netzwerke) entlastet und gibt Sicherheit.
- Eine spezialisierte Fachkraft ist insbesondere dann hinzuzuziehen, wenn die Eltern weitere Hilfe ablehnen.
- Kommt ein Elterngespräch zustande, sollte auf jeden Fall die Leitung mit anwesend sein. Das Gespräch muss protokolliert werden.

Nicht erst durch die Einführung des Bundeskinderschutzgesetzes wurde deutlich, dass Kinderschutz eine vorrangige Aufgabe der Kita sowie der kommunalen Vertreter und Institutionen vor Ort ist. Der Verdacht auf Kindeswohlgefährdung ist nicht das Problem der pädagogischen Mitarbeiterin, die gerade mit diesem Kind zu tun hat, sondern das Problem der gesamten Einrichtung! Damit der Kinderschutz auf breiter Ebene gesichert ist und präventive Maßnahmen eingeleitet werden können, sind lokale Netzwerke von besonderer Bedeutung (vgl. zu dieser Thematik ausführlich Maywald 2012).

V. Gezielte Beobachtung

Ausgangspunkt einer systemisch orientierten Beobachtung ist die Frage, unter welchen Bedingungen das Kind ein bestimmtes Verhalten zeigt. Die Beobachtung selbst erfolgt ressourcenorientiert und unter Beteiligung des Kindes. Am Ende steht eine sogenannte Arbeitshypothese, die auf mögliche Lösungsschritte verweist.

Systemisch orientierte Beobachtung

Der systemische Blick auf das Kind bringt zwangsläufig auch eine veränderte Einstellung zur gezielten Beobachtung mit sich. Diese erhält einen besonderen Stellenwert. Eine systemisch orientierte Beobachtung fußt auf folgenden Aspekten:

- Verhalten wird im jeweiligen Kontext gesehen,
- Ausrichtung an den Ressourcen des Kindes,
- das Kind wird in die Beobachtung eingebunden (Partizipation),
- die beobachtende Person versteht sich als Teil des Systems,
- Ausgangspunkt sind Hypothesen, die veränderbar sind.

Der Kontext des Verhaltens

„Beobachtungen sind (…) ein wichtiges Element in der Kommunikation, wenn wir z. B. anderen Menschen klar und deutlich mitteilen wollen, wie es uns geht und was wir brauchen. Sie sollten aus einer systemischen Perspektive heraus sauber getrennt werden von Bewertungen. Es ist daher wichtig, unsere Beobachtungen konkret auf Zeit- und Handlungszusammenhänge hin zu formulieren“ (Orban & Wiegel 2009, S. 88). Deutlich wird, dass Zusammenhänge, die mit einer aktuellen Beobachtung in Verbindung stehen, mehr in den Vordergrund rücken. Die Frage, unter welchen Bedingungen ein bestimmtes Verhalten auftritt, gerät in den Fokus der Aufmerksamkeit und spielt bei der Auswertung von Beobachtungsergebnissen eine große Rolle. Verhalten ist nicht statisch, sondern verändert sich unter bestimmten Bedingungen. So kann ein Kind auf die gleiche Anforderung völlig unterschiedlich reagieren, je nachdem, ob es zum Beispiel satt oder hungrig ist, ob es zuvor einen Streit der Eltern mitbekommen hat oder die Familie sich friedlich verabschiedet hat, ob die Tür zum Gruppenraum geschlossen oder geöffnet ist …

Die beobachtende Person tut weitaus mehr, als das augenscheinliche Geschehen zu dokumentieren. Sie nimmt auch die unmittelbare Umgebung im Detail wahr und macht sich entsprechende Notizen dazu. Soweit möglich, versucht sie, auch das Geschehen vor einer Beobachtung und die Tagesverfassung des beobachteten Kindes sachlich und neutral zu beschreiben. Werden Beobachtungen frei notiert, so bleibt immer eine Spalte, in der das begleitende Geschehen im Beobachtungsfeld (Ort, Zeit, aktuelle Gegebenheit) kurz notiert werden kann. In strukturierten Beobachtungsverfahren, wie zum Beispiel den Beobachtungsbögen „PERiK“ (Positive Entwicklung und Resilienz im Kindergartenalltag) oder „KOMPIK“ (Kompetenzen und Interessen von Kindern), finden sich ebenfalls immer freie Spalten, in denen Begleitumstände aufgezeichnet und dann auch in der Auswertung entsprechend berücksichtigt werden.

Ressourcenorientierung

Viele Jahre waren die Ergebnisse gezielter Beobachtung stark an eine defizitäre Betrachtungsweise gekoppelt und es wurde vor allem dann beobachtet, wenn „Störungen“ beim Kind vermutet wurden. Entsprechend fielen die Beobachtungsergebnisse aus, das heißt: Wenn nach einer Störung (die beim Kind liegen soll) gesucht wird, wird auch eine gefunden. Durch eine defizitäre Ausrichtung der Beobachtung wird oft auch eine mutmaßliche Störung erst fixiert. Als Beispiel ein Auszug aus dem „BEK“ (Beobachtungsbogen zur Erfassung von Entwicklungsrückständen und Verhaltensauffälligkeiten bei Kindergartenkindern):

„Problembereich: Verhalten
ist ein stilles und scheues Kind; spricht nur leise; traut sich wenig zu; beteiligt sich nicht im Stuhlkreis; traut sich im Rollenspiel bestimmte Rollen nicht zu; ordnet sich schnell unter; spielt bevorzugt mit jüngeren Kindern“.

Neben der Tatsache, dass die vielen verschiedenen Verhaltenszuschreibungen keine eindeutige Beobachtung zulassen, impliziert die defizitäre Ausrichtung sowohl der Überschrift als auch der beschriebenen Merkmale bereits eine bestimmte Sichtweise der beobachteten Person. Die Gefahr, das vorgegebene Verhalten bei dieser Fragestellung auch zu beobachten, ist zumindest gegeben.

Es geht um die Frage, unter welchen Bedingungen ein bestimmtes Verhalten auftritt.

Ein ressourcenorientierter Beobachtungsbogen wie „PERiK“ nimmt dagegen eine andere Perspektive ein:

„Kontaktfähigkeit
Kind findet schnell/leicht (positiven) Kontakt zu anderen Kindern.“

In der Auswertung hat die beobachtende Fachkraft die Möglichkeit, aus einer breiten Skala von „durchgängig“ bis „gar nicht“ auszuwählen. Neben jedem Aspekt findet sich eine freie Spalte, in der Zusammenhänge dokumentiert werden können. Selbst wenn dieser Aspekt kindlichen Verhaltens noch nicht bestätigt werden könnte, so zeigt er doch bereits die Zielrichtung künftiger Förderung auf – nämlich dem Kind vielfältige Erfahrungen mit Kontaktaufnahme zu ermöglichen.

Partizipation

Beobachtung ist nicht ein heimliches Geschehen, von dem das beobachtete Kind nichts mitbekommen soll. Im Gegenteil: Es kann gerne den Prozess mitgestalten und sollte an den Ergebnissen beteiligt werden. Dadurch bekundet die pädagogische Fachkraft ihr Interesse und ihre Wertschätzung dem Kind gegenüber.
Grundsätzlich sollte den Kindern der Kita daher mitgeteilt werden, dass sie immer mal wieder von den Fachkräften beobachtet werden. Sollte ein Kind während einer Beobachtung nachfragen, so ist es für das Beobachtungsergebnis nicht abträglich, dem Kind zu sagen: „Mich interessiert sehr, was du gerade spielst, deshalb sehe ich dir zu und schreibe mir manches davon auf." Das Kind kann sich gerade dadurch gesehen und wahrgenommen fühlen.
Durch die Beteiligung der Kinder an Beobachtung und Dokumentation wird ihnen ein großes Interesse an ihren Aktivitäten und ihrer Entwicklung vermittelt. Viele Einrichtungen setzen dies zum Beispiel durch Portfolioarbeit oder Bildungs- und Lerngeschichten (vgl. Leu et al. 2011), mittels derer den Kindern Feedback zu ihrer Entwicklung und ihrem Verhalten gegeben wird, um. Voraussetzung ist, dass diese Rückmeldungen an die Kinder nicht abwertend, sondern stärkenorientiert geschehen und ihnen gleichzeitig Möglichkeiten vermitteln, wie sie etwas verändern können. Ein Beispiel:
„Ich habe beobachtet, dass du oft alleine spielst. Dabei bist du sehr ausdauernd und schaust auch immer mal auf die anderen Kinder in der Gruppe. Deshalb hatte ich den Eindruck, dass du gerne bei den anderen Kindern mitspielen würdest. Ist das so? … Vielleicht fällt es dir einfach noch ein bisschen schwer, bei den anderen nachzufragen. Wenn du möchtest, kann ich dir gerne mal dabei helfen."

Kinder auch an der Dokumentation der Beobachtungen beteiligen

Die Beobachterin: Teil des Systems

Durch die gezielte Beobachtungssituation tritt die Beobachterin in Beziehung mit dem Kind. Jeder Mensch ist geprägt von eigenen Gefühlen, Haltungen und Verhaltensmustern. Das macht es schwer bis unmöglich, objektiv zu beobachten. Subjektive Anteile werden immer in die Beobachtung mit einfließen. Professionell beobachten bedeutet, dass die beobachtende Person sich diesen eigenen Anteilen stellt und die subjektive Wahrnehmung als möglichen Einflussfaktor auf das Beobachtungsergebnis ernst nimmt. Ein Beispiel mag dies veranschaulichen:
Erzieherin Irina W. hat es sich zur Aufgabe gemacht, herauszufinden, welche Umstände dazu führen, dass sich Lea aus anfänglich intensiven Spielsituationen mit anderen Kindern plötzlich zurückzieht und sich vom Spielgeschehen abwendet. In mehreren gezielten Beobachtungen stellt sie fest, dass dieses Verhalten auftritt, sobald einige Kinder der aktuellen Spielgruppe auf dominante Weise ihre Interessen durchsetzen. Plötzlich wird ihr bewusst, dass sie heimlich mit Lea sympathisiert. Sie denkt darüber nach und stellt fest, dass sie dieses Verhaltensmuster auch von sich gut kennt. Gezielte Beobachtung lässt die be-

obachtende Fachkraft in einen Intimraum eintreten. Mit den gewonnenen Erkenntnissen sollte daher sorgsam und respektvoll umgegangen werden. Gleichzeitig kann es immer wieder zu Verstrickungen kommen, wie das vorangegangene Beispiel zeigt. Es ist nicht auszuschließen, dass eigene Gefühle dabei „angetriggert" werden. In einer solchen Situation kann es leicht geschehen, dass sich die Beobachterin unbewusst mit dem Kind identifiziert und zum Beispiel dessen Spielpartner zurechtweist, ihr dominantes Verhalten zu ändern. Da Lea aus dem Beispiel in diesem Fall nicht die eigenen Ressourcen mobilisieren könnte und sich zudem bei den Spielpartnern eher unbeliebt machen würde, wäre ihr mit dieser Maßnahme wohl nicht geholfen. Insofern sollte die beobachtende Fachkraft ihr stattdessen Möglichkeiten an die Hand geben, die eigene Durchsetzungsfähigkeit zu entdecken, um solche und ähnliche Situationen künftig selbstbestimmt zu gestalten. (Auf Seite 11 findet sich ein Beobachtungsschema zur Erstellung systemischer Hypothesen, das pädagogische Fachkräfte dabei unterstützen kann, eine möglichst neutrale Position einzunehmen sowie kontextbezogen und ressourcenorientiert zu beobachten.)

Hypothesen statt Diagnosen

In einer systemisch ausgerichteten pädagogischen Arbeit wird das Stellen von Diagnosen generell als fragwürdig angesehen, da diese „keinen objektiven Gehalt haben können, sondern nur subjektive Konstruktionen angenommener Wirklichkeiten darstellen" (Walther 2002, S. 216) (vgl. dazu auch Kapitel I).

Geht man hingegen von Hypothesen aus, wird versucht, herauszufinden, in welchem Kontext das auffällige Verhalten des Kindes stattfindet und welche Bedingungen dazu führen. Es wird deutlich, dass sich ein bestimmtes Verhalten unter anderen Voraussetzungen gar nicht erst zeigt und sich dadurch vielleicht unvermutete Ressourcen auftun. Systemische Forscher wie zum Beispiel Mara Selvini Palazzoli (eine italienische Psychoanalytikerin, die durch das „Mailänder Modell" bekannt wurde) definieren Hypothese als „Annahme, die als Grundlage für Überlegungen getroffen wird, ohne Berücksichtigung ihrer Richtigkeit: als Ausgangspunkt für Untersuchungen" (Schwing & Fryzer 2009, S. 129).
Entsprechend bilden Hypothesen gute Ausgangspunkte für systemisch orientierte Beobachtungen bei Kindern mit herausfordernden Verhaltensweisen. Ob eine Hypothese zutrifft oder nicht, kann sich erst durch gezielte Beobachtungen zeigen. Häufig wird sie eher korrigiert oder entsprechend dem vorgefundenen Kontext verändert, wie das folgende Beispiel zeigt.

Ein Fallbeispiel
Immer wieder stellen die pädagogischen Fachkräfte fest, dass dort, wo sich der vierjährige Lukas aufhält, sehr rasch Streit zwischen den Kindern entsteht. Spielen mehrere Kinder mit ihm, kommen einzelne von ihnen bereits nach kurzer Zeit weinend zur Erzieherin und berichten, Lukas habe sie geschlagen, das Spielzeug zerstört oder ihnen weggenommen. Spricht die Fachkraft den Jungen darauf an, antwortet er nicht und weicht ihrem Blick aus. Um mehr Klarheit zu bekommen, beschließt sie, Lukas gezielt zu beobachten.

Der erste Schritt besteht im Aufstellen einer Hypothese, also einer Annahme oder Vermutung. In diesem Fall könnte sie lauten: „In unbeobachteten Momenten schlägt Lukas andere Kinder oder zerstört deren Spielsachen."
Die pädagogische Fachkraft spricht sich mit ihren Kolleginnen über ihr Vorgehen ab. So hat sie ausreichend Zeit, um sich voll und ganz dem Geschehen zu widmen. Für die Beobachtung wählt sie die Freispielphase aus, wenn alle Kinder anwesend sind. Der günstigste Zeitraum dafür ist von 9.00 bis 9.30 Uhr. An mehreren Tagen der Woche wiederholt sie ihre Beobachtung und dokumentiert das Geschehen in einem sogenannten Verlaufsprotokoll. Gemeinsam mit den Kolleginnen sollen die Protokolle dann in einer Fallbesprechung ausgewertet werden.

Hypothesen bilden gute Ausgangspunkte für systemisch-orientierte Beobachtung.

Durch die Beobachtungen und in der nachfolgenden Besprechung stellt sich heraus, dass die Hypothese teilweise zutrifft. Befindet sich Lukas in einem eng begrenzten Raum (zum Beispiel dem Bereich Bauen und Konstruieren) zusammen mit mehreren Kindern, kommt es schnell zu den vermuteten Attacken. In weiten Räumen und nur mit einem oder zwei Spielpartnern konnte dagegen beobachtet werden, dass Lukas konzentriert und engagiert spielen kann, so wie andere Kinder seines Alters.

Strukturierte Vorgehensweise bei einer gezielten Beobachtung

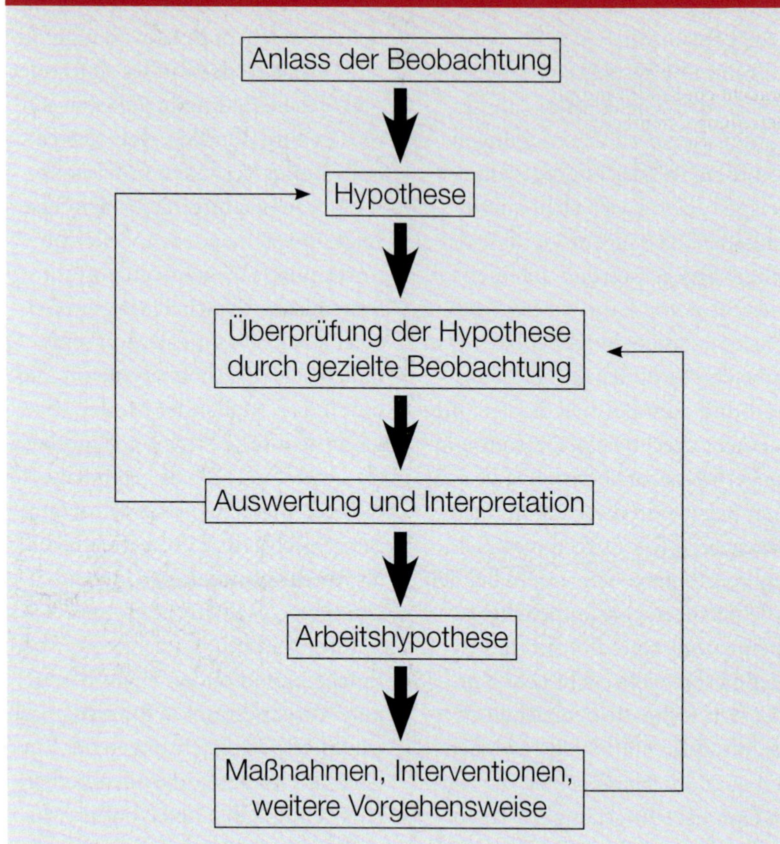

Durch die Beobachtung wird deutlich:

- Lukas kann nicht als übermäßig aggressives Kind eingeschätzt werden.
- Vermutlich ist er in beengten Situationen überfordert.
- Er kann in solchen Situationen seine Impulse nur schwer kontrollieren.
- Ist die Spielsituation für ihn überschaubar, scheint er nicht in Stress zu geraten.

Mithilfe der gezielten Beobachtung verdichtet sich die zunächst aufgestellte Hypothese zu einer sogenannten Arbeitshypothese, die als Leitlinie für die weitere pädagogische Arbeit mit Lukas dienen kann. Die Arbeitshypothese lautet nun: „In räumlich beengten und für ihn schwer überschaubaren Situationen ist Lukas überfordert und kann seine Impulse nur schwer kontrollieren."
Als Folge dieser Beobachtungen und der Auswertung im Team sollen weitere Beobachtungen in ähnlichen Situationen durchgeführt werden, zum Beispiel beim An- und Ausziehen in der engen Garderobe der Einrichtung, bei Tätigkeiten in der kleinen Küche usw. Danach kann eine weitere Auswertung und Interpretation des Verhaltens erfolgen und Lösungsschritte können entwickelt werden.
Durch diese Vorgehensweise wird der Kontext deutlich, in dem sich das auffällige Verhalten zeigt. Die pädagogischen Fachkräfte können nun gezielt intervenieren und Entlastung schaffen. Gleichzeitig wird vermieden, dass der Junge stigmatisiert wird. Stattdessen können ihm Lösungen bewusst gemacht werden, mit denen er das Dilemma, in das er in den genannten Situationen gerät, zunehmend selbstständig auflöst.

Literatur

Ahnert, Lieselotte (2010): Wieviel Mutter braucht ein Kind? Bindung – Bildung – Betreuung: öffentlich und privat. Heidelberg: Spektrum.

Bäck, Gabriele/Bayer-Chisté, Natalie/Hajszan, Michaela (2003): Tagein – Tagaus. Kindergartenalltag macht Kinder kompetent. Wien: G & G.

Bateson, Gregory (2002): Geist und Natur. Frankfurt a.M.: Suhrkamp.

Bayerisches Staatsministerium für Arbeit und Sozialordnung, Familie und Frauen/Staatsinstitut für Frühpädagogik (2006): Der Bayerische Bildungs- und Erziehungsplan für Kinder in Tageseinrichtungen bis zur Einschulung. Weinheim, Basel: Beltz.

Bayerisches Staatsministerium für Arbeit und Sozialordnung, Familie und Frauen/Staatsinstitut für Frühpädagogik (2010): Bildung, Erziehung und Betreuung von Kindern in den ersten drei Lebensjahren. Handreichung zum Bayerischen Bildungs- und Erziehungsplan für Kinder in Tageseinrichtungen bis zur Einschulung. Weimar, Berlin: Verlag das Netz.

Bowlby, John (1969): Attachment and Loss. London: Hogarth Press.

Bronfenbrenner, Urie (1981): Die Ökologie der menschlichen Entwicklung. Stuttgart: Klett-Cotta.

Drever, James/Fröhlich, Werner D. (1993): Wörterbuch zur Psychologie. München: dtv.

Ellerbrock, Martina/Petzold, Hillarion G. (2014): Traumatisierte Kinder. In: kindergarten heute 9/2014. Freiburg: Herder, S. 8–14.

Enders, Manfred (2002): Systemischer Ansatz. In: Fachlexikon der sozialen Arbeit. Frankfurt a.M.: Verein für öffentliche und private Fürsorge, S. 958–959.

Esser, Günther (Hrsg.) (2011): Lehrbuch der Klinischen Psychologie und Psychotherapie bei Kindern und Jugendlichen. Stuttgart: Thieme.

Gomolla, Anette (2009): Auswirkungen häuslicher Gewalt auf Kinder und ihre Mütter unter Gesichtspunkten einer entwicklungsorientierten Psychotraumatologie. Dissertation an der Universität Konstanz: Konstanz.

Grossmann, Klaus E./Grossmann, Karin (Hrsg.) (2011): Bindung und menschliche Entwicklung. John Bowlby, Mary Ainsworth und die Grundlagen der Bindungstheorie. Stuttgart: Klett-Cotta.

Hall, Arthur/Fagen, Robert (1991): Definition of Systems. In: Arist von Schlippe, Familientherapie im Überblick. Basiskonzepte, Formen, Anwendungsmöglichkeiten. Paderborn: Junfermann, S. 22.

Hauschild, Jana (2013): Der Stress vergangener Zeiten. Die Qualität der Eltern-Kind-Bindung prägt die spätere Gesundheit. In: Psychologie heute, 3/2013, S. 11.

Kasten, Helmut (2009): 0–3 Jahre. Entwicklungspsychologische Grundlagen. Berlin: Cornelsen.

Kindl-Beilfuß, Carmen (2008): Fragen können wie Küsse schmecken. Systemische Fragetechniken für Anfänger und Fortgeschrittene. Heidelberg: Carl Auer.

Kreisman, Jerold J./Straus, Hal (1999): Ich hasse dich – verlass mich nicht. Die schwarzweiße Welt der Borderline-Persönlichkeit. München: Kösel.

Kriz, Jürgen (1997): Systemtheorie. Eine Einführung für Psychotherapeuten, Psychologen und Mediziner. Wien: Facultas.

Leu, Hans Rudolf et al. (2011) : Bildungs- und Lerngeschichten. Bildungsprozesse in früher Kindheit beobachten, dokumentieren und unterstützen. Weimar: Verlag das Netz.

Levine, Peter A. (1999): Trauma-Heilung. Das Erwachen des Tigers. Essen: Synthesis.

Levine, Peter A. (2007): Vom Trauma befreien. Wie Sie seelische und körperliche Blockaden lösen. München: Kösel.

Levine, Peter A./Kline, Maggie (2010): Verwundete Kinderseelen heilen. Wie Kinder und Jugendliche traumatische Erlebnisse überwinden können. München: Kösel.

Maywald, Jörg (2012): Kindeswohlgefährdung – vorbeugen, erkennen, handeln. kindergarten heute – wissen kompakt/spezial. Freiburg: Herder.

Meysen, Thomas/Eschelbach, Diana (2012): Das neue Bundeskinderschutzgesetz. Baden-Baden: Nomos.

Minuchin, Salvador (1990): Familie und Familientherapie. Theorie und Praxis struktureller Familientherapie. Freiburg: Lambertus.

Mutzek, Wolfgang (2000): Verhaltensgestörtenpädagogik und Erziehungshilfe. Bad Heilbrunn: Klinkhardt.

Myschker, Norbert (1996): Verhaltensstörungen bei Kindern und Jugendlichen. Erscheinungsformen – Ursachen – Hilfreiche Maßnahmen. Stuttgart: Kohlhammer.

Nickel, Horst (1977): Der normale Entwicklungsverlauf von Wahrnehmungsprozessen im Kindesalter. Bern, Stuttgart, Wien: Springer.

Orban, Rainer/Wiegel, Gabi (2009): Ein Pfirsich ist ein Apfel mit Teppich drauf. Systemisch arbeiten im Kindergarten. Heidelberg: Carl Auer.

Pallasch, Waldemar (1990): Pädagogisches Gesprächstraining. Lern- und Trainingsprogramm zur Vermittlung therapeutischer Gesprächs- und Beratungskompetenz. Weinheim, München: Juventa.

Prekop, Jirina (1998): Der kleine Tyrann. Welchen Halt brauchen Kinder? München: dtv.

Prekop, Jirina/Hellinger, Bert (1998): Wenn ihr wüsstet, wie sehr ich euch liebe. München: Kösel.

Rogge, Jan-Uwe (1997): Kinder haben Ängste. Von starken Gefühlen und schwachen Momenten. Reinbek: Rowohlt.

Rückert, Erdmuthe/Schnabel, Michael/Minsel, Beate (2000): Kommunikationsfördernde Gesprächsführung mit Eltern in Kindertageseinrichtungen. Ergebnisse aus Analysen von Video-Elterngesprächen. München: Staatsinstitut für Frühpädagogik (ifp).

Sagi, Alexander (1998): Verhaltensauffällige Kinder im Kindergarten. Ursachen und Wege zur Heilung. Freiburg: Herder.

Satir, Virgina (1990): Kommunikation, Selbstwert, Kongruenz. Konzepte und Perspektiven familientherapeutischer Praxis. Paderborn: Junfermann.

Schlippe, Arist van (1991): Familientherapie im Überblick. Paderborn: Junfermann.

Schlögel, Ingrid (2010): Natürliche Pädagogik. Mit den Kindern von heute in Liebe wachsen. Ahlerstedt: Param.

Schmutzler, Hans-Joachim (1994): Handbuch Heilpädagogisches Grundwissen. Freiburg: Herder.

Schwing, Rainer/Fryzer, Andreas (2009): Systemisches Handwerk. Werkzeug für die Praxis. Göttingen: Vandenhoeck & Ruprecht.

Ulich, Michaela/Mayr, Toni (2009): PERiK – Positive Entwicklung und Resilienz im Kindergartenalltag. Freiburg: Herder.

Wiefel, Andreas et al. (2007): Diagnostik und Klassifikation von Verhaltensauffälligkeiten bei Säuglingen und Kleinkindern von 0–5 Jahren. In: Praxis der Kinderpsychologie und Kinderpsychiatrie 56 (2007) 1. Göttingen: Vandenhoeck & Ruprecht, S. 59–81.

Wustmann, Corinna (2004): Resilienz. In: Bundesministerium für Bildung und Forschung (Hrsg.): Auf den Anfang kommt es an – Perspektiven für eine Neuorientierung frühkindlicher Bildung. Bildungsforschung Bd. 16. Bonn, Berlin: Bundesministerium für Bildung und Forschung, S. 119–189.

Zero to Three/National Center for Infants, Toddlers and Families (1999): Diagnostische Klassifikation: 0–3. Seelische Gesundheit und entwicklungsbedingte Störungen bei Säuglingen und Kleinkindern. Wien, New York: Springer.

Zullinger, Hans (1971): Die Angst unserer Kinder. Frankfurt a.M.: Fischer.

Hinweis

Auch wenn der Begriff „verhaltensauffällig“ umstritten ist, habe ich ihn in diesem Heft öfter gewählt – in dem Bewusstsein, dass wenn mir als Fachkraft Verhaltensweisen auffallen, ich immer selbst in gewisser Weise damit in Verbindung stehe. Selbstverständlich kann man ebenso von Kindern mit originellem oder herausforderndem Verhalten sprechen.

Danksagung

Mein Dank gilt all den Kindern, Familien und Teams, die dazu beitragen, dass ich immer weiter lernen kann. Ebenso meiner Frau Lioba, die sachkundig und geduldig jedes Kapitel gelesen und ihre Sichtweisen dazu eingebracht hat. Ebenso bedanke ich mich bei der Redakteurin der kindergarten heute-Sonderhefte, Carolin Küstner, für die offene, kompetente und wertschätzende Korrektur und Begleitung.

Impressum

wissen kompakt/spezial: Auffälliges Verhalten von Kindern aus systemischer Sicht ist ein Sonderheft von ‚kindergarten heute – Die Fachzeitschrift für Erziehung, Bildung und Betreuung von Kindern‘

Redaktion:
Carolin Küstner (verantw.)

Anschrift der Redaktion:
Hermann-Herder-Str. 4
79104 Freiburg
Tel.: 0761 / 2717-439
Fax: 0761 / 2717-240
E-Mail: redaktion@kindergarten-heute.de
www.kindergarten-heute.de

Verlag:
Alle Rechte vorbehalten – Printed in Germany
© Verlag Herder, Freiburg im Breisgau 2015
www.herder.de

Fotos:
Titelfoto und Fotos S. 4, 8, 9, 50, 54, 56, 58, 60, 62, 64: Hartmut W. Schmidt, Freiburg
Fotos S. 14, 17, 20, 23, 26, 30, 33, 36, 39, 42, 45: Harald Neumann, Freiburg
Foto S. 12: Sigrid Diebold, Freiburg

Layout:
Frank & Konsorten
Werbeagentur, Lahr

Satz und digitale Bearbeitung:
fgb · freiburger graphische betriebe

Druck:
Medienhaus Plump GmbH, Rheinbreitbach

Leserservice:
Verlag Herder GmbH
Hermann-Herder-Str. 4
79104 Freiburg
Tel.: 0761 / 2717-379
0761 / 2717-244
Fax: 0761 / 2717-249
E-Mail: kundenservice@herder.de

Gedruckt auf chlorfrei gebleichtem Papier

Titelnummer: 174

ISBN: 978-3-451-00174-8